PAR-DELÀ LE TEMPS
À PAUL GUÈVREMONT
QUI SUT SI BIEN TRANSGRESSER
LE SIMPLE ARTISAN EN LUI
POUR DEVENIR
UN PRODIGIEUX ARTISTE -
CETTE MÉMOIRE
CETTE BEAUTÉ
ET TOUT CE RÊVE PLEIN.

Du même auteur

Mémoires d'outre-tonneau, Éditions Estérel, 1968
Race de monde, Éditions du Jour, 1968
La nuitte de Malcomm Hudd, Éditions du Jour, 1969
Jos Connaissant, Éditions du Jour, 1970
Pour saluer Victor Hugo, Éditions du Jour, 1970
Les grands-pères, Éditions du Jour, 1971
Jack Kerouac, Éditions du Jour, 1972
Un rêve québécois, Éditions du Jour, 1972
Oh Miami, Miami, Miami, Éditions du Jour, 1973
Don Quichotte de la démanche, Éditions de l'Aurore, 1974
En attendant Trudot, Éditions de l'Aurore, 1974
Manuel de la petite littérature du Québec,
        Éditions de l'Aurore, 1975
Blanche forcée, VLB Éditeur, 1976
Ma Corriveau, VLB Éditeur, 1976
N'évoque plus le désenchantement de ta ténèbre, mon si pauvre Abel,
        VLB Éditeur, 1976
Monsieur Zéro, VLB Éditeur, 1977
Sagamo Job J, VLB Éditeur, 1977
Cérémonial pour l'assassinat d'un ministre, VLB Éditeur, 1978
Monsieur Melville, VLB Éditeur, 1978
La tête de Monsieur Ferron ou les Chians, VLB Éditeur, 1979
Una, VLB Éditeur, 1979
Satan Belhumeur, VLB Éditeur, 1981
Moi Pierre Leroy, mystique, martyr et un peu fêlé du chaudron,
        VLB Éditeur, 1982
Discours de Samm, VLB Éditeur, 1983
Entre la sainteté et le terrorisme, VLB Éditeur, 1984
« La boule de caoutchouc », *in Dix nouvelles humoristiques,* Les
        Quinze, Éditeur, 1985
« Docteur L'Indienne », *in Aimer,* Les Quinze, Éditeur, 1985
Steven le Hérault, Éditions internationales Alain Stanké, 1985
Chroniques polissonnes d'un téléphage enragé, Éditions
        internationales Alain Stanké, 1986
L'héritage (L'automne), Éditions internationales Alain Stanké, 1987
«La robe de volupté», *in Premier amour,* Éditions Alain Stanké, 1988
Votre fille Peuplesse par inadvertance, VLB Éditeur, Éditions
        internationales Alain Stanké, 1990
Docteur Ferron. Pèlerinage, Éditions internationales Alain Stanké, 1991

LA MAISON CASSÉE

Théâtre

Données de catalogage avant publication (Canada)

Beaulieu, Victor-Lévy, 1945-
La maison cassée
Pièce de théâtre
ISBN 2-7604-0385-8
I. Titre.
PS8553.E23M34 1991   C842'.54   C91-096536-6
PS9553.E23M34 1991
PQ3919.2.B42M34 1991

Conception graphique et montage : Olivier Lasser

Photos de la première de couverture et photos de la pièce: Josée Lambert
Photo de Paul Guèvremont: André LeCoz
Photo de la maison, p. 110 et 111: Yvon Gamache

ISBN 2-7604-0385-8

Dépôt légal : deuxième trimestre 1991

IMPRIMÉ AU QUÉBEC (CANADA)

VICTOR-LÉVY BEAULIEU

LA MAISON CASSÉE

Théâtre

LA MAISON CASSÉE

de Victor-Lévy Beaulieu
a été créée
le 3 juillet 1991 au Théâtre d'été de Trois-Pistoles
dans une mise en scène de Jean Salvy,
une direction de production
du Service touristique de Trois-Pistoles,
une scénographie et des costumes
de François Laplante,
des éclairages de Cathéri Barbeau,
une bande sonore et une musique originale
de Jocelyn Bérubé

avec
Gigi Boivin
dans le rôle de Bérangère
Éric Cabana
dans le rôle de Camille
Pauline Julien
dans le rôle de Blanche
Aubert Pallascio
dans le rôle de Maxime

*L*iminaire

Avec l'écriture, on ne sait jamais où l'on en est. C'est que l'obsession y a tous les droits, qu'il n'y a ni commencement ni fin dans l'obsession qui se nourrit de tout ce qui, dans la vie, ne fait que se retourner. Berthold Brecht a écrit là-dessus un livre fabuleux, le plus pénétrant que je connaisse sur son œuvre et sa vie. De grandes bribes de ça me trottent allégrement dans la tête alors que je songe à cette *Maison cassée* que je viens tout juste de laisser derrière moi. Mais pour combien de temps? Je n'en sais rien, toujours à cause de l'obsession et de ce qui en elle pourrait bien encore recommencer.

La première fois que j'ai fait connaissance avec *La maison cassée*, c'était en 1973. Jusqu'alors, j'avais passé presque tout mon temps à écrire des romans et des essais, au rythme de deux par année. Je m'y plaisais assez pour que l'idée même d'écrire pour le théâtre ne me vienne pas à l'esprit. C'est Michelle Rossignol qui, la première, m'y fit penser. J'écrivis donc pour elle, sans trop croire à ce que je faisais, une première pièce qui s'intitula *Ma Corriveau*. Elle toucha Jean-Claude Germain qui me passa commande pour un texte à être joué au *Théâtre d'aujourd'hui*, cet *En attendant Trudot* qui marqua véritablement mes débuts comme auteur dramatique.

Presque en même temps, Radio-Canada me proposa l'écriture d'un premier téléthéâtre, *Monsieur Zéro*, qui, en plus du Québec, fut diffusé en France, en Belgique, en Suisse et au Luxembourg. C'était bien assez pour que la piqûre du théâtre ne me quitte plus. Aussi, quand Jean-Paul Fugère me proposa d'écrire un nouveau texte pour la télévision, je ne pus résister à ses avances. *In terra aliena* vint donc au monde et fut diffusé à Radio-Canada en 1978. L'intrigue de ce téléthéâtre était somme toute assez banale: faute de relève, un vieil habitant de l'arrière-pays doit abandonner ses champs, ses bêtes et sa maison. Après un encan durant lequel il se désemplit de toutes ses possessions, il monte à bord de l'Océan Limité et se retrouve à Montréal. Dans le train, il fait la connaissance d'une compatriote avec qui il se lie d'amitié. Pendant un mois, ils se verront dans ce petit parc du plateau Mont-Royal, elle s'attachant si fort à lui qu'elle voudrait finir ses jours en sa compagnie. Mais lui refuse: il n'a plus ni champs, ni bêtes, ni maison, et habite désormais en pays étranger, ce qui ne lui laisse plus que la solitude à assumer.

Une fois diffusé, ce texte si simple aurait dû sombrer très loin dans mon oublieuse mémoire, comme ça m'arrive pour à peu près tout ce que j'écris. Pourtant, *In terra aliena* n'a pas cessé de me poursuivre depuis quinze ans, au point que j'en sais encore presque tous les mots par cœur. Sans doute est-ce la faute de Paul Guèvremont, ce prodigieux comédien qui incarna magiquement le personnage principal d'*In terra aliena* et que j'eus la chance de fréquenter même après la diffusion de mon téléthéâtre. Certaines après-midis, nous nous retrouvions dans un petit bar de Montréal-Nord que nous habitions tous les deux et, après quelques whiskies, c'était toujours du grand plaisir pour moi que d'entendre Paul Guèvremont s'amusant à me redonner les mots de Maxime Morency. À force de les écouter, j'aurais voulu les changer tous afin qu'ils deviennent enfin à la hauteur du prodigieux comédien pour qui je les avais écrits. Paul Guèvremont et moi, nous eûmes donc l'idée de reprendre *In terra aliena* et d'en faire une véritable pièce de théâtre. Mais le projet se dissipa avec la mort même de Paul Guèvremont. Longtemps, il n'en resta plus que cette lancinante aiguille me piquant sporadiquement la peau: quelques heures d'écriture, et la lancinante aiguille se retirait comme d'elle-même, me laissant, défait, avec quelques bouts de phrases sanguinolents.

J'en serais sans doute encore là si Bernard LeBel des Trois-Pistoles ne m'avait pas rappelé à ce qui, dans l'urgence du texte à faire venir, ne devient que du grand tournage en rond quand l'obsession en soi est détournement plutôt que retournement. Ce retournement, tout le Québec rural le vit dans l'horreur depuis des années: les rangs se vident, les paroisses se vident, les villages se vident. La terre défrichée dans la misère noire retourne à la fardoche, au repoussis et au reboisement. Les premiers laissés-pour-compte de cet honteux *défaisage de pays*, ce sont toutes ces vieilles gens qui ont trimé toute leur vie durant, goupillonnés par le curaillon et le politicien, et qui, aujourd'hui, dépossédés de leurs biens et de leur âme, se retrouvent dans ces sordides antichambres de la mort que sont les centres d'accueil.

À ma façon, j'ai voulu rendre hommage à ce grand monde-là qui m'obsède depuis *In terra aliena* et que, dans *La maison cassée*, j'espère bien avoir rendu à ses grosseurs. Bien qu'il n'y ait que quatre personnages dans *La maison cassée*, toute ma tribu s'y retrouve, et dans ce sang qui sans doute aura coulé pour rien: il n'y a pas eu de pays véritable et sans doute n'y en aura-t-il jamais. Et la maison se casse, et elle se casse pour rien car la dignité ici n'a jamais été collective mais n'a toujours été assumée que par l'individu. Et cet individu-là ne peut qu'en mourir, dans cette indifférence qui est un confort quand il n'y a plus ni mémoire, ni présent, ni avenir. Que de la maison cassée dans l'ignomineuse complaisance de tous ces fils et filles que nous sommes devenus dans ce faux rêve même plus québécois qui nous mange de partout.

Mais malgré tout, croire encore que les yeux d'Ézéchiel puissent s'ouvrir enfin, est-ce 1à ce qui s'appelle de l'utopie?

Victor-Lévy Beaulieu
mai 1991

Premier acte

*O*n est à la fin de l'été.

*Au milieu de la scène, mais comme engon-
cé dans le mur, ce qui symbolise la maison
de Maxime Morency, la galerie seule
prenant de l'espace sur la scène avec,
devant, une vieille boîte aux lettres plantée
sur un piquet qu'entourent des géraniums
en fleurs. Sur la galerie, Maxime est assis
dans une berçante; il est endimanché:
chemise blanche, cravate noire, costume
sombre. Il porte un chapeau. Tout en se
berçant lentement, Maxime a le nez dans
un petit livre. Ses lèvres bougent, comme s'il
lisait à voix basse. À côté de lui, un gros
portuna sur une chaise droite. Près d'une
fenêtre, quelques planches, un marteau et
des clous dans une canisse rouillée.*

*Côté jardin, ce qui symbolise l'habitat de
Camille, le fils de Maxime: l'univers des
ordinateurs, dans un blanc laiteux qui
ressemble au personnage, en tous les cas
dans la façon qu'il a de s'habiller. C'est
froid bien que très organisé. Camille est
debout devant son ordinateur et regarde
du côté cour.*

Côté cour, ce qui symbolise précisément une cour intérieure, petit jardin fleuri dont, par gestes très lents, s'occupe Bérangère, la fille de Maxime. Bérangère a une cicatrice à la joue gauche. Elle est habillée comme s'habillent les sœurs quand elles sortent de religion: ça se reconnaît malgré tout le soin que ça met à le cacher.

Sur le devant de la scène, se tient Blanche, l'encanteuse. Devant elle, une belle huche à pain et un amas de cossins de toutes sortes, dans deux caisses de carton devant la huche. Lentement, les personnages sortent de la ténèbre, en même temps qu'on entend Blanche s'adressant aux spectateurs comme s'ils assistaient à l'encan.

Blanche

Vous êtes pas sérieux, là!... Une belle huche à pain de même, qui a servi pendant des générations à faire du bon pain!... Qui dit mieux que cent piastres pour la belle huche à pain?... Vingt piastres, j'ai vingt piastres!... C'est ridicule, vingt piastres, voyons!... Trente piastres!... J'ai trente-cinq piastres, là!... Quarante!... Quarante piastres une fois... quarante piastres deux fois... quarante piastres trois fois!... Adjugé à Gros Nez Cayouette pour quarante piastres!... *(Essoufflée.)* Mais avant de passer à tous les autres beaux cossins, permettez-moi de respirer un brin: y fait chaud sans bon sens aujourd'hui!

Pendant qu'elle s'éponge lentement le visage et que l'éclairage baisse un peu sur elle, Camille et Bérangère, qui regardaient en direction de l'encanteuse, détournent les yeux, comme s'ils regardaient au-delà des spectateurs.

Camille

Bérangère voulait que j'y aille, mais j'ai refusé. J'ai pas mis les pieds là-bas depuis que la mère chez nous est morte, et ça fait déjà pas mal d'années de ça. J'ai pas revu le père non plus depuis que la mère chez nous est morte. Il voulait rien savoir de moi de toute façon. Le père et moi, on s'est jamais entendus. Ç'a rien de tragique: ça se passe à peu près de même pour tout le monde. J'imagine que le père est aussi vieux qu'avant, pas moins et pas plusse. J'imagine aussi qu'on peut rien y faire comprendre, comme avant que la mère chez nous meure. Du monde comme le père, c'est déjà vieux quand ça vient au monde. C'est vieux, dur comme de l'écaille d'huître, malvenant et orgueilleux. J'en ai eu assez de vivre avec ça toute mon enfance. Je m'en suis passé depuis et j'entends bien m'en passer encore. Le père, ça fait longtemps qu'il est mort pour moi.

Se retrouvant devant son ordinateur, Camille se remet à taper.

Bérangère

J'aurais voulu y aller, mais je sais que papa aurait pas aimé ça. Toutes les semaines, je lui écris une lettre depuis que maman est morte. Je sais qu'il les reçoit, mais il ne m'a jamais répondu une seule fois. Quand j'ai appris qu'il faisait encan, ça m'a donné comme un coup au cœur. Papa a toujours prétendu qu'il vivrait comme il a vécu jusqu'à sa mort. Ses champs, sa réguine, ses bêtes, sa maison; c'est tout ce qu'il a aimé dans sa vie. Pourquoi il s'en départit maintenant? Hier, ce sont les bêtes qui ont été vendues, et puis tout le roulant. Je l'ai su par Blanche à qui j'ai téléphoné. Mais aujourd'hui, ce qui se passe, ça me fait de la peine bien autrement: papa a tout vendu ce qu'il y avait dans la maison. *(Elle lève les yeux, comme si elle cherchait le soleil.)* En tout cas, j'imagine qu'à l'heure qu'il est, il doit plus en rester grand-chose. Des cossins, comme m'a dit Blanche au téléphone. J'ai eu de grands frissons dans le dos quand elle m'a appris ça. Et j'en ai encore rien que d'y penser. Je suis inquiète pour papa. Même s'il répond pas à mes lettres, je suis inquiète et je l'aime. Mais je peux rien faire. J'ai jamais pu rien faire pour papa.

> *Elle se remet à s'occuper de son jardin. La lumière baisse sur elle et sur Camille qui ont l'air d'ombres chinoises; en même temps, l'éclairage revient tout à fait sur Blanche.*

Blanche

Puisqu'il faut en finir, eh bien! finissons-en! Ça sera pas long parce qu'il nous reste plus que deux lots à liquider. *(Farfouillant dans l'une des caisses.)* Y a toutes sortes de beaux trésors là-dedans: des petits pots pour la confiture... un sucrier, un pot à lait, un beurrier et un grand plat qui sont taillés dans du verre de la reine Victoria... et un tas d'autres affaires que ça serait trop long que je vous énuméronne... Disons dix piastres pour le lot!... Qui dit mieux que dix piastres?... Dix piastres et demie?... Ça monte pas vite mais ça monte... Onze piastres?... Un dernier effort quand même!... Non?... Onze piastres une fois... onze piastres deux fois... onze piastres trois fois!… Vendu à Titange à Gagnon!… Passons au dernier lot maintenant!…

Maxime

(Qui s'est levé et se retrouve près de Blanche quand celle-ci met la deuxième caisse sur la huche.) C'est pas la peine, Blanche. J'en ai assez entendu de même. *(Comme s'il s'adressait aux gens à l'encan.)* Cette boîte-là, je la vends pas. Celui que ça intéresse aura qu'à venir la chercher tantôt.

Blanche

(Alors que Maxime s'en retourne vers la galerie, aux gens venus à l'encan.) Bon, je crois bien que tout est fini, là! Je veux dire pour ce qu'il y avait à vendre ici parce que, samedi prochain, on va se reprendre chez Câlixte Doucette du rang de la Seigneurie: il dételle lui aussi. Soyez là à huit heures parce que ça va commencer à huit heures tapant!

> *Elle laisse l'aire de l'encan et va rejoindre Maxime sur la galerie. De nouveau assis, Maxime met son petit livre dans l'une de ses poches.*

Blanche

Je pensais que ça rapporterait plusse. Mais c'est pas si mal tout compte fait. Faut dire qu'aujourd'hui, il restait plus grand-chose.

Maxime

Fatiguez-vous pas, Blanche. Je le savais.

Blanche

(Sortant un rouleau de billets de banque de l'une de ses poches.) Vous voulez qu'on règle ça tout de suite?

Maxime

Vous êtes tout essoufflée. Buvez donc un verre d'eau avant.

Blanche

J'ai la gorge chesse, c'est vrai. *(Montrant la porte de la maison.)* Je peux?

Maxime

Gênez-vous pas: même s'il reste plus rien dans la maison, elle a encore les mêmes airs qu'avant.

> *Blanche entre dans la maison. Maxime sort son petit livre de sa poche et se remet à lire. L'éclairage remonte sur Camille et sur Bérangère. Les deux se regardent. On devine qu'ils sont au téléphone.*

Camille

Écoute, Bérangère. Quand bien même tu m'appellerais à toutes les demi-heures pour m'en parler, je vois pas ce qu'on peut y faire maintenant.

Bérangère

À l'heure qu'il est, l'encan doit être fini.

Camille

Que c'est que tu veux que ça me fasse que l'encan soit fini?

Bérangère

Depuis que je sais que papa s'est décidé à tout vendre, c'est comme si j'avais jamais eu d'enfance. Toi?

Camille

Le père avait pas besoin de rien vendre pour que j'aie ce sentiment-là. De l'enfance, on n'en a jamais eu personne dans la famille.

Bérangère

Il y a eu de beaux moments quand même.

Camille

S'ils ont existé, ç'a été de beaux moments pour rien. Fais comme moi, Bérangère: oublie-les. C'est tout ce que ça mérite.

Bérangère

Je peux pas. J'en ai de besoin.

Camille

T'avais cinq ans et t'en avais déjà de besoin.

Bérangère

Je voudrais t'en parler, Camille. Pourquoi tu viens pas souper ce soir?

Camille

J'ai mon rapport à remettre demain au gouvernement sur le reboisement du Bas-du-Fleuve. J'en ai pour toute la soirée encore et une partie de la nuit. Je vais te téléphoner aussitôt que je vais pouvoir.

Les deux regardent au-delà des spectateurs.

Bérangère

C'est toujours comme ça avec Camille. Il vient jamais me voir.

Camille

C'est toujours comme ça avec Bérangère. Elle veut tout le temps que j'aille la voir.

Bérangère

Ça serait vite fait pour lui: il a que la ville de Montréal à traverser.

Camille

À l'heure de pointe, me rendre chez Bérangère, ça prend deux heures. Je reste à un bout de l'île et elle dans l'autre. Quand elle est sortie de chez les sœurs de la Providence, je lui ai trouvé un appartement juste à côté du mien. Elle a même pas voulu le visiter. Elle avait peur que je me rende compte qu'elle reste enfermée tout le temps avec ses trois chats et son jardin pour lui tenir compagnie. Quand je vais voir Bérangère, je trouve ça long. Elle me regarde jamais en face à cause de sa cicatrice et je trouve rien à lui dire. Je veux dire: j'aurais que le goût de lui parler de sa cicatrice, mais j'aime mieux pas. Ça aussi, c'est dans le passé, et le passé est mort pour moi.

Il retourne à son ordinateur.

Bérangère

Le passé meurt jamais. Le passé est tout le temps là dans le dedans du corps, à pousser de toutes ses forces pour ressortir de soi. *(Elle effleure sa cicatrice; comme si ses doigts brûlaient, elle les retire rapidement de la blessure.)* J'ai de l'ennuyance pour papa parce que j'ai peur pour lui.

Je vais lui écrire une lettre. Même s'il la lira pas, les mots que je vais écrire vont obliger le passé à rester dans le dedans du corps. *(Comme si elle commençait à écrire sa lettre.)* Cher papa… *(De moins en moins fort.)* Cher papa… cher papa… cher papa…

> *L'éclairage baisse sur Bérangère et Camille alors qu'il se concentre sur Maxime et Blanche qui sort de la maison, un verre d'eau à la main, qu'elle offre à Maxime.*

Maxime
J'ai pas soif.

> *Blanche met le verre d'eau sur l'encorbeillement de la fenêtre. Puis elle regarde Maxime. Il tourne la tête vers elle.*

Maxime
Quand on regarde le monde de même, c'est parce qu'on a quelque chose à lui demander et qu'on ose pas. Débourrez-vous, Blanche.

Blanche
Je faisais que penser.

Maxime
Penser, ça donne soif pour rien.

Blanche
Quand on s'est connus *(faisant le geste)*, on était hauts de même. Je restais quatre arpents plus haut. Mon père était

ferrailleur et maquignon. C'est de lui que votre père achetait ses bêtes. Après, quand vous vous êtes mis en ménage avec Cecile, vous avez fait pareil vous aussi.

Maxime

Je vois pas pourquoi j'aurais agi autrement. Votre père était cherrant mais on restait pas en chemin avec ses bêtes… pas plusse d'ailleurs qu'avec ses tracteurs quand le temps des chevaux est passé caduc.

Blanche

C'était drôle quand même.

Maxime

Y a rien de drôle, ni dans les chevaux ni dans les tracteurs.

Blanche

Je pensais à ce qui nous est arrivé à tous les deux. Vous avez marié ma sœur Cecile et j'ai marié votre frère Marcellin… le même jour, dans la même église. On a eu chacun deux enfants… même que vous êtes devenu veuf et moi veuve presquement en même temps.

Maxime

Où c'est que vous voulez en venir?

Blanche

Malgré ça, on est toujours restés des étrangers. La preuve, c'est qu'on se vouvoie encore. Vous avez jamais fréquenté nulle part, même pas dans votre propre famille. J'ai jamais compris ça.

Maxime

Pas compris quoi?

Blanche

Ben, votre vie.

Maxime

(Se levant, et alors qu'il s'en va vers la vieille boîte aux lettres.) Ma vie est pas différente de celle des autres. Je suis venu au monde, je l'ai pas demandé. Une fois rendu dans mes grosseurs, je me suis marié, le père chez nous m'a donné sa terre et j'ai juste continué de faire ce qu'il avait entrepris avant moi. Je me suis agrandi, c'était facile: il y avait de la terre en masse, elle appartenait à personne et elle demandait qu'à être travaillée. Je suis passé de deux chevaux à huit, puis de huit chevaux à deux tracteurs. Au lieu de dix vaches, j'en nourrissais cent. Ç'a rien changé parce que je le faisais tout seul pareil: Cecile m'a donné deux enfants mais c'était des enfants qui aimaient pas la terre. Ils sont partis pour la ville, Bérangère pour devenir religieuse quand on avait plus besoin de religieuses, et Castor pour trouver des moyens de reboiser ce que j'ai passé ma vie à défricher.

Blanche

(Qui est venue le rejoindre, elle d'un bord de la vieille boîte aux lettres, et lui de l'autre.) Pourquoi vous êtes resté?

Maxime

Je suis resté parce que j'avais rien d'autre à faire, c'est pas sorcier. Astheure, je peux plus. J'ai fait mon temps, comme la boîte aux lettres. *(Il fait comme s'il déracinait le piquet sur lequel elle est fixée, puis s'arrête et regarde Blanche.)* À part ça, vous devriez savoir ça, Blanche: y a rien à comprendre dans une vie. Ça se vit, c'est toute. Puis quand ç'a vécu de reste, ça pourrit… rien d'autre.

> *Il donne un coup de poing sur la boîte aux lettres qui se détache du piquet et tombe par*

terre. Le panneau de la boîte aux lettres s'ouvre. Il y a une lettre dedans. Maxime fait mine de ne pas la voir et s'en va vers la galerie. Blanche prend la lettre et va le rejoindre alors qu'il est près de la fenêtre et a pris le marteau.

Blanche

Vous avez même pas ramassé votre malle aujourd'hui. *(Comme si elle soupesait la lettre.)* C'est vrai que c'est une lettre qui est pas épaisse par exemple. *(Lui tendant la lettre.)* Bérangère vous écrit souvent mais elle vous écrit pas long: ça pèse léger.

Maxime prend la lettre et la met dans la poche intérieure de son veston. Il prend quelques clous dans la vieille canisse rouillée, une planche qu'il appuie de travers contre la fenêtre, et se met à la clouer.

Blanche

(Après un temps.) J'ai appris que Milien vous avait offert d'aller rester avec lui.

Maxime

Il m'a offert ça pour rien parce que j'irai pas.

Blanche

Vous seriez mieux avec lui que dans un centre d'accueil.

Maxime

J'ai visité ça une fois, justement quand Milien a été malade et qu'il pouvait plus prendre soin de lui. Ça sentait juste la mort. La mort, on a assez de la vivre sans la sentir en plusse.

Blanche

Mais Milien est de retour chez eux astheure.

Maxime

Je le sais: je suis allé le voir dimanche passé. Chez eux, ça ressemble plus pantoute à la maison qu'il est toujours resté dedans, à croire que les odeurs du centre d'accueil, il les a ramenées avec lui. C'est cochonné tout sale partout, avec des débris qui pourrissent dans tous les coins. Lui, il passe son temps couché dans son lit. Ses jambes sont rendues comme de la guénille, avec du méchant qui lui remonte jusqu'au ventre. Il parle plus: il fait que délirer.

Blanche

Je savais pas qu'il était au plus mal de même.

Maxime

Les docteurs veulent qu'il se fasse scier les jambes. Ça lui fait tellement peur qu'il revient en enfance. Il attendait de moi que je lui remette ses grosses lunettes jaunes sur les yeux, que je l'emmène dehors et que je lui fasse faire des tours de poney. Il se souvient même plus que cinquante ans se sont passés depuis que son père l'amusait avec des poneys.

Blanche

Je trouve ça triste.

Maxime

Y a rien de triste là-dedans: quand la vie est plus là, est plus là, c'est toute.

> *Il se remet à clouer la planche contre la fenêtre.*

Blanche

(*Après un temps encore.*) Si vous allez plus ni au centre d'accueil ni chez Milien, où c'est que vous avez dessein de rester une fois que votre maison, vous allez l'avoir condamnée comme il faut?

Maxime

Une maison, ça se condamne pas... Une maison, c'est pareil à un homme: ça se casse quand le moment est venu pour.

Blanche

C'est vrai qu'à Montréal, Camille et Bérangère vont vous recevoir à bras ouverts. Ils attendent juste le moment que vous le leur demandiez.

Maxime

J'ai jamais rien demandé à personne. Je suis trop vieux pour commencer.

Blanche

Au moins, chez Camille et Bérangère, vous auriez de la famille.

Maxime

La famille m'intéresse pas.

Blanche

Vous allez faire quoi, d'abord?

Maxime

(*Il la regarde.*) C'est simple, Blanche: je veux rien faire. Juste clouer les planches que je suis en train de clouer. Ça me suffit.

Blanche

Vous voulez dire: pour le moment? *(Elle lui met la main sur le bras, et lui a tout de suite un petit mouvement de recul.)* Maxime, vous êtes encore bien trop solide pour plus rien faire. Faites comme moi: impliquez-vous… dans quelque chose… n'importe quoi.

Maxime

C'est plein de monde qui s'implique dans quelque chose… n'importe quoi. Je trouve qu'ils sont assez nombreux de même.

Blanche

Tous ces mouvements qui se forment, c'est important. À force de pousser fort, les gouvernements vont bien être obligés d'agir, ce qui va faire que nos maisons, on aura plus ni à les condamner ni à les casser comme vous le dites.

Maxime

Les gouvernements étaient pas là quand je me suis établi. Ils étaient pas là non plus quand j'ai fait de ma terre ce qu'elle devait devenir. Les gouvernements, ils sont arrivés juste après, pour mettre leur bois dans les roues de mes ouaguines… pour essayer de m'enlever mon gagné. J'avais pas besoin d'eux autres: j'étais un grand garçon, je connaissais mes bêtes, je connaissais mes champs, je connaissais le roule des saisons, je connaissais le sang et le prix qu'il faut payer pour. *(Geste pour montrer la grande étendue d'espace devant lui.)* Il y avait presque rien quand mon père s'est donné à moi: de la fardoche, du repoussis et de la roche laissés là par les compagnies de bois qui se sont contentées de pleumer le pays avant d'aller ailleurs. Des pleumeurs de pays, on aura toujours raison de mettre ça à la porte de chez nous, surtout quand ils vous débauchent de vos enfants pour les faire devenir pires qu'eux-mêmes sont.

Pendant le monologue de Maxime, Blanche a fait quelques pas pour s'éloigner de lui.

Blanche

C'est ça qu'il faudrait dire à tout ce monde-là de par chez nous qui essaye de s'en sortir.

Maxime

(Il laisse la fenêtre, fait quelques pas sur la galerie.) J'ai plus rien à dire à personne. Ce que je sentais, ç'avait pas besoin de se parler: ça se vivait, ça se faisait. Maintenant, le problème, c'est bien ça: ça se vit plus, ça se fait plus… ça fait plus rien que se parler parce que les gouvernements ont tout envalé et qu'au fond, le monde est bien content que ça se passe de même. Moi, j'ai jamais bu de cette eau-là et j'en boirai jamais. Mourir, c'est rien quand on a passé toute sa vie à le faire… à le faire parce que ça vivait trop en soi.

Blanche

Quand vous me parlez de même, vous me faites peur.

Maxime

On court juste après ce qu'on veut bien courir, y compris la peur. *(Il la regarde.)* Comme il s'agit pas de la même chose pour vous et pour moi, je serais pour que vous repreniez le chemin vers chez vous. Après toute, l'encan est fini et vous étiez là juste pour ça, je pense.

Avec une autre planche, Maxime fait un X dans la fenêtre. Il commence à clouer la planche. Blanche se rapproche.

Blanche

Avant de m'en aller, je peux vous dire quelque chose?

Maxime

Vous pouvez. Vous êtes pas obligée mais vous pouvez.

Blanche

Tout ça me fait mal.

Maxime

Vous êtes pas la seule à qui ça fait mal: ce qu'on met toujours trop de temps à comprendre, ça nous fait toujours mal. Mais quand ça arrive, c'est généralement trop tard. Et le trop tard, c'est pareil au reste, pareil aux gouvernements qui pleument le monde et pareil au monde trop pleumé par les gouvernements pour être seulement capable de refaire couler la source du bon bord. *(Lui qui avait tenu son marteau levé, le rabaissant.)* Je m'excuse, Blanche. J'avais pas à vous dire ça. Mais quand on met fin à tout parce que la fin vous a rejoint même malgré soi, ça s'écorce plus de la même façon.

Blanche

Même si, de votre point de vue, c'est juste par alliance, vous faites partie de ma famille, Maxime.

Maxime

Devant la lâcheté, la famille existe plus. En tout cas, à mon âge.

Blanche

S'il y a quelqu'un qu'on pourra jamais accuser de lâcheté, c'est bien vous. En mentionnant ce mot-là, vous faisiez allusion à qui? Pas à moi, toujours?

Maxime

Vous avez fait ce que vous avez pu en rendant vos deux

enfants dans leurs grosseurs. La lâcheté était donc pas de votre bord.

Blanche

Ils pouvaient pas rester par ici. On était pas assez grandement pour ça.

Maxime

Quand on est pas assez grandement, on bâtit une rallonge. Votre gars avait de grandes mains: il aurait pu le faire. Mais ça l'intéressait pas, comme ça intéressait pas mes enfants. Le résultat, on le connaît tout le monde: maintenant qu'il y a plus de maison, on parle plus rien que de ça. Comme si ça s'inventait, une maison! *(Regardant devant lui, allongeant la main.)* C'est là depuis le commencement du monde et ça demandait juste à être habité.

Blanche

Il y avait aussi de la vie ailleurs.

Maxime

Peut-être. Mais il y en avait en masse par ici.

Blanche

Mes enfants sont heureux à Montréal. Les vôtres aussi, je pense.

Maxime

Qu'ils soient heureux, c'est bien tant mieux pour eux autres.

Blanche

Vous êtes désenchanté: ça fait des années que vous êtes désenchanté. *(Le téléphone sonnant dans la maison.)* Vous avez encore le téléphone?

Maxime

On devait venir le débrancher hier. Si ça sonne encore, je suppose que ça s'est pas fait.

Blanche

Vous répondez pas?

Maxime

Si j'ai demandé qu'on débranche le téléphone hier, c'est sûrement pas pour y répondre aujourd'hui.

Blanche

C'est peut-être pour moi.

Maxime

Y a personne chez vous. Vous vivez toute seule, pareil à moi.

Blanche

Mes clients savent qu'hier et aujourd'hui, je faisais encan chez vous.

Maxime

Si vous tenez tant que ça à répondre, faites-le donc. Moi, j'ai mes planches à clouer.

> *Blanche entre dans la maison. Maxime se met à clouer la planche contre la fenêtre. La lumière baisse sur lui tandis qu'elle monte sur Bérangère. On comprend qu'elle est au téléphone. Elle regarde vers la maison. Camille est devant son ordinateur.*

Bérangère

Blanche, je sais bien qu'il voudra par me parler. Je suis juste contente que ce soit vous qui ayez répondu. Je voulais avoir des nouvelles, par rapport à l'encan et par rapport à comment papa est maintenant. Il est tout endimanché?... Avec une petite valise qu'il y a sur la galerie à côté de lui?... Il placarde les fenêtres de la maison?... Est-ce qu'il vous a dit au moins où il comptait aller?... Si vous pouviez l'apprendre, je vous en serais reconnaissante, Blanche. Je vous téléphone après le souper. *(Sa main tombe le long de son corps et elle regarde au-delà des spectateurs.)* Ce que je craignais est à la veille d'arriver: papa va partir de la maison. Les fenêtres sont placardées maintenant et, bientôt, ce sera la porte. Je pensais jamais que papa le ferait, il a toujours dit qu'il sortirait de la maison que les deux pieds devant. Je me demande bien où il pourrait aller maintenant. Tant que je ne saurai pas, je vais être angoissée. Peut-être que de seulement en parler à Camille, ça va m'enlever ce nœud qu'il y a dans ma gorge. *(La lumière montant sur Camille.)* Camille, c'est moi, Bérangère.

Camille

(Il a laissé son ordinateur, et regarde vers Bérangère.) Je le sais que c'est toi. C'est tout le temps toi qui appelles quand je travaille. Tu me veux quoi encore?

Bérangère

J'ai appris que papa a mis des planches partout dans les fenêtres de la maison chez nous.

Camille

Il doit avoir du temps à perdre. En ce qui me concerne, il serait mieux de mettre le feu après. Et tant qu'à y être, il pourrait s'arranger pour brûler dedans lui aussi. Comme ça, tu me dérangerais peut-être pas à tout moment pour m'en parler.

Bérangère

Je sais pas si tu te rends vraiment compte de ce que tu dis.

Camille

Non seulement je m'en rends compte, mais ce que je dis, c'est rien qu'une toute petite fraction de ce que je pense. Savoir que tout ce que le père attend, c'est quelques bidons bien remplis d'essence, ça prendrait pas goût de tinette que je lui en ferais livrer.

Bérangère

T'as pas le droit de parler de même. Même si tu l'aguis, papa mérite pas ça.

Camille

Il mérite bien pire. Il a toujours mérité bien pire. Dans le long et dans le large, je pourrais t'en dire le pourquoi. Mais comme je ferais que me répéter et que j'ai une montagne de travail devant moi, ça va attendre. Bonsoir, Bérangère.

Bérangère

Juste une minute, s'il te plaît.

Camille

Quoi donc encore?

Bérangère

Blanche m'a dit que papa est tout endimanché et que sa valise est faite. Il a sûrement dessein d'aller quelque part. Tout à coup qu'il s'en viendrait à Montréal?

Camille

Il y a pas de clôtures par ici. Comme le père est jamais sorti des siennes, oublie ça. Même si c'était son intention, il ferait pas autre chose que de s'écarter.

Bérangère

Mais s'il devait venir quand même?

Camille

Comme ça sera pas pour moi, j'en ai rien à reboiser.

Comme il se remet à taper sur son ordinateur, on comprend qu'il a fermé le téléphone.

Bérangère

(Qui regarde au-delà des spectateurs.) Je savais que de téléphoner à Camille, ça donnerait rien. Je savais qu'après, j'aurais toujours ce nœud dans la gorge. Tantôt, la nuit va tomber. Il va faire noir, avec un petit vent frais sans doute, et plein d'odeurs que je sais jamais reconnaître. Il y a trop de voitures dedans. Il y a trop de cheminées d'usines dedans. Il y a trop d'eau usée dedans. Avant, il y avait pas d'angoisse dans la ténèbre. *(Elle effleure la cicatrice de sa joue.)* Avant, il n'y avait pas de blessure nulle part. Avant, il n'y avait que du soir tranquille, et une simple galerie où Camille et moi on s'assoyait, dans les marches. Maman jouait de la musique à bouche sur la chaise droite, à côté de papa qui se berçait, ses yeux levés vers le ciel. *(Elle lève les yeux vers le ciel.)* Maintenant, quand je lève les yeux vers le ciel comme lui, il n'y a plus que de la terre noire, toute chesse. Même si je le sais, je regarde pareil: ça me fait un peu moins mal dans ma blessure. Juste un peu moins mal.

Elle continue de regarder vers le ciel. L'éclairage baisse sur elle et sur Camille. Sur le seuil de la porte de la maison, Blanche regarde Maxime qui s'est assis et lit son petit livre.

Blanche

Des fois, répondre au téléphone, ça prend plus de temps qu'on pense.

Maxime

C'est pas juste pour le téléphone que ça vous a pris du temps.

Blanche

Vous m'avez écorniflée par la fenêtre?

Maxime

J'ai pas eu besoin. Je sais qu'une fois que vous en avez eu fini avec le téléphone, vous avez fait tout le tour de la maison. Quand vous êtes entrée pour un verre d'eau la première fois, vous avez pas osé. Vous avez trouvé ce que vous cherchiez?

Blanche

Je cherchais rien. Tout ce que j'ai vu, c'est la carabine que vous avez oubliée sur le manteau de la cheminée.

Maxime

Je l'ai pas oubliée. Si vous pouvez entrer dans la maison, je peux encore en faire autant.

Blanche

J'ai vu aussi qu'il y avait une petite boîte noire à côté de la carabine, et un cadenas. C'était pas là dans le salon avant.

Maxime

C'était là. Les yeux voient pas pareil dans une maison pleine, ils savent pas toujours sur quoi s'arrêter. Dans une maison cassée, c'est plus simple.

Blanche

Pour le cadenas, je pense que je sais à quoi il va servir. Mais la petite boîte noire et la carabine, je me demande bien à quel usage vous les destinez.

Maxime

Vous voulez savoir pour le dire à Bérangère?

Blanche

Vous savez que c'est elle qui téléphonait?

Maxime

Depuis qu'elle est sortie de chez les sœurs de la Providence, à quoi donc pourrait passer le temps de Bérangère sinon à écrire et à téléphoner?

Blanche

Elle s'inquiète pour vous.

Maxime

Elle s'inquiète pour rien. Moi, je m'inquiète pas pour elle.

Blanche

Si elle apprenait pour la carabine, elle serait encore bien plus inquiète.

Maxime

Elle a pas besoin de l'apprendre.

Blanche

J'aimerais la rassurer quand même.

Maxime

La carabine est la seule chose que j'ai jamais empruntée de ma vie. Comme elle m'appartient pas, je pouvais donc pas la vendre. J'ai dessein de la remettre à son propriétaire, tout simplement.

Blanche

Rien qu'au jugé, je pense qu'il s'agit d'une bien vieille carabine.

Maxime

Elle a l'âge qu'elle a, pareil à moi et à son propriétaire.

Blanche

Si je vous demandais qui c'est, ça serait de trop?

Maxime

Ça serait de trop. *(Se levant.)* Et maintenant que j'ai répondu à ce que je pouvais répondre, réglez-moi ce que vous me devez pour l'encan. Comme ça, vous allez pouvoir vous en retourner chez vous, et moi finir ce que j'ai à finir.

> *Elle sort le rouleau de billets de banque de l'une de ses poches. Elle le déplie et vient pour compter les billets. Maxime les lui prend des mains. Il fait deux paquets d'égale épaisseur, fourre le premier dans l'une de ses poches et tend l'autre à Blanche.*

Blanche

Vous m'en donnez bien que trop.

Maxime

Je donne ce qu'il y a à donner, pas plusse pas moins.

> *Le téléphone sonne dans la maison. Maxime va vers la porte.*

Blanche

Je pensais que vous répondiez plus au téléphone?

Maxime

Je le sais quand c'est Bérangère qui appelle. Si je réponds, c'est donc qu'il s'agit pas d'elle. De toute façon, il faut que j'entre pareil.

Il entre dans la maison. Blanche s'avance vers le devant de la scène et regarde au-delà des spectateurs.

Blanche

Si, au téléphone, ça pouvait être Bérangère! Même si Maxime lui disait juste bonjour avant de raccrocher, ça lui ferait plusse que du petit bien. Je pense pas que Bérangère a vraiment entendu la voix de Maxime depuis qu'elle est partie de la maison pour entrer chez les sœurs de la Providence. Il y a au moins vingt-cinq ans de ça. Pourquoi Maxime a jamais voulu lui reparler, même aux funérailles de la défunte Cecile, ça date de lointain loin... ça date de cette blessure que Bérangère s'est infligée à la joue gauche. *(Elle s'est assise sur la huche à pain.)* Dans le rang, on a jamais su comment c'est arrivé. Il y a bien de la rumeur qui a galopé par exemple, surtout après les funérailles de Cecile. Il y a bien de la langue longue qui a prétendu que c'est Maxime qui, d'un coup de couteau, a coupé dans la chair de la joue de Bérangère. Mais pour quelle raison, ça, même de la langue longue peut pas le dire. J'ai essayé quelques fois d'en parler à Maxime, et il a fait comme s'il m'avait pas entendue. Tout ce que je comprends, c'est que cette blessure a fini par déranger Bérangère, qu'après, elle s'est enfermée chez les sœurs de la Providence, à faire rien d'autre que de laver des planchers, sans doute parce qu'on regarde par terre quand on lave des planchers et que, comme ça, on a plus de visage. Quand Bérangère est passée aux cuisines, elle était bien obligée de regarder devant elle. C'était pas supportable et c'est à cause de ça qu'elle est sortie de chez les sœurs de la Providence. Maintenant, Bérangère voit plus personne. Les arbres, les plantes et les fleurs qui poussent autour d'elle lui ressemblent. Ils ont tous comme elle une blessure à la joue gauche. Je voudrais comprendre mieux mais je suis plus qu'une vieille femme pour qui la souffrance des autres est pareille à de la glace qu'on glisse dessus sans pouvoir la faire caler. *(Tournant la tête vers la maison.)* Si Maxime est encore dans la maison, c'est bon signe. Il parle peut-être toujours à Bérangère, ce qui voudrait dire que, dans le pire, il y a pas juste que le désespoir. *(Elle regarde à nouveau au-delà des spectateurs.)* Je m'étais préparé un petit en-cas pour le cas que je resterais plus longtemps que prévu. *(Elle ouvre un sac attaché à sa ceinture, en sort un sandwich et des échalotes.)* Je vais manger un peu. Ça enlève la soif quand on mange un peu. Et puis, quand on mange un peu, on pense plus. On pense plus que Maxime a jamais voulu que je devienne son amie de femme, même après la mort de ma sœur Cecile. On pense plus non plus que Bérangère est malheureuse, que Camille prétend même qu'elle est folle à cause qu'elle a jamais guéri de la blessure de sa joue gauche. *(Croquant une petite bouchée de sandwich.)* Bon. Astheure, je pense plus. Astheure, je mange. *(Elle croque un morceau d'échalote, grimace.)* L'automne prochain, je vais mettre moins de fumier de cochon dans mon jardin. Maxime a bien raison de dire que le fumier de cochon, ça rend l'échalote un brin amère.

> *Elle continue de manger lentement son sandwich et ses échalotes, la tête légèrement*

tournée vers la maison. La lumière baisse
sur elle, montant sur Bérangère qui nettoie
ses plantes du bout des doigts d'une main
alors que, de l'autre, elle fait comme si elle
tenait un téléphone. Camille est debout
devant son ordinateur. De l'imprimante, il
retire une feuille. Il y jette un coup d'œil et
sourit, continuant de lire.

Bérangère

Blanche doit être partie maintenant de chez papa. Et papa
a sûrement décroché le téléphone parce que la ligne est
tout le temps engagée. Je voudrais pas passer encore
toute une nuit blanche sans savoir où il va aller quand il
va partir de la maison. Il faut pas que je devienne fébrile
parce que, alors, il va m'arriver ce qui m'arrivait quand
j'étais chez les sœurs de la Providence. Je me mettais à
trembler, je tombais par terre, ma tête se remplissait de
toutes ces images qu'il y avait avant et ça se mettait à
tressauter de partout, les extrémités de mes mains et de
mes pieds tout disloquées… comme quand ça m'est arrivé
pour ma blessure et comme quand ça m'est arrivé après
les funérailles de maman. Je voudrais pas que Camille me
voie quand je suis dans cet état-là. Peut-être qu'il a fini
son rapport maintenant et qu'il va arriver sans me
prévenir. Ça serait mieux que je lui dise que je peux pas le
voir maintenant, que demain ça serait mieux.

Sa main tremble alors qu'elle fait comme si
elle composait un numéro. Jusqu'alors,
Camille a lu quelques feuilles qu'il a
retirées de l'imprimante de son ordinateur.
Il regarde au-delà des spectateurs.

Camille

De la belle ouvrage comme j'en fais, il y a pas beaucoup de monde qui en est capable. Le père m'a toujours agui parce que je suis devenu fonctionnaire plutôt que de traire des vaches et épandre du fumier dans les champs. J'avais rien contre le fait que ça devait se faire. Mais avec des vaches, c'était pas possible de rêver. On a qu'à inventer de meilleures moulées pour qu'elles produisent davantage. Tout ce que ça donne, c'est du lait en trop. Boire tant de lait, ça serait bien assez pour que tout le monde se mette à beugler, à commencer par le père qui a pas fait autre chose de toute sa vie. Il aurait voulu que tout l'espace devienne de la bête à cornes, sur des terres qui étaient pas faites pour. Rien que de la roche et du sable pauvre, avec tant de machines pour que ça devienne possible, que le profit peut pas faire autrement que de se retourner en banqueroute. C'est aussi bien ce qui est arrivé dans les bas que dans les hauts du pays. On a défriché pour rien. Les forêts qu'on va y faire repousser seront autrement plus rentables. Dans mon rapport, c'est plein de statistiques qui le prouvent. La dignité de demain est là, pas ailleurs. *(Il met les feuilles sur l'ordinateur.)* Maintenant que c'est fini, je vais aller prendre l'air. Me promener dans Montréal, m'asseoir à une terrasse, boire de la bière blonde, avec une fille assise devant moi, c'est pareil à du reboisement: l'avenir est là. *(Il vient pour s'en aller quand le téléphone sonne.)* Le maudit téléphone! Et sûrement Bérangère pour m'enquiquiner encore! *(Comme s'il répondait, regardant vers Bérangère.)* Bérangère, je te l'ai dit que j'en avais pour toute la soirée et une partie de la nuit à travailler! Me semble que c'est pas la mer à comprendre, maudit!

Bérangère

Je voulais pas te déranger. Je voulais juste te dire que même si tu finissais plus tôt, j'aimerais mieux finalement que tu viennes pas à la maison. J'ai mal à la tête et j'ai peur que mon corps chavire. Si ça devait m'arriver, ça ferait que te fâcher et je trouverais ça trop difficile à vivre.

Camille

Bérangère, je te l'ai dit combien de fois que t'étais malade? Les sœurs de la Providence te l'ont dit aussi, tout le monde te l'a dit. Fais-toi soigner. Que c'est que tu veux que j'ajoute d'autre? Quand t'auras compris que plutôt que d'aimer pour rien le père comme tu le fais, tu devrais l'aguir comme moi, ta maladie va prendre le bord. Quand t'en seras rendue là, rappelle-moi: nous voir sera plus une corvée ni pour toi ni pour moi. Tu me comprends, là? (*Il fait comme s'il raccrochait et regarde au-delà des spectateurs.*) Le père a rendu Bérangère folle, mais elle pourra jamais l'admettre. Quand je suis parti de la maison, j'aurais dû tuer le père comme je le pensais. Avec ma carabine, ç'aurait été facile: une simple balle en plein cœur et il y aurait eu plus qu'un peu de sang noir sur la galerie de *sa* maison.

> *Il retourne à son ordinateur, prend les feuillets qui s'y trouvent et sort.*

Bérangère

(*Regardant au-delà des spectateurs.*) Quand Camille est sorti de la maison le lendemain des funérailles de maman, il avait sa carabine. Papa était assis sur la galerie et se berçait, son petit livre sur les genoux, les yeux levés vers le ciel. Camille a pointé la carabine vers papa, il a mis le canon sur sa tempe et il lui a dit qu'il allait le tuer. Papa a allongé la main, l'a fermée sur le canon de la carabine. Puis il a regardé Camille, l'a traité de lâche avant de souri-re. Puis il s'est levé et, d'un geste sec de la main, il a enlevé la carabine à Camille et s'est mis à le frapper avec la crosse. Moi, je me suis mise à trembler, je suis tombée par terre, ma tête s'est remplie de toutes les images qu'il y avait avant, et ça s'est mis à tressauter de partout, les extrémités de mes mains et de mes pieds tout disloquées… comme quand ça m'est arrivé pour ma blessure. Quand je suis revenue à moi, papa était assis dans la berçante et désouillait la carabine tachée de sang. Toutes les nuits, j'ai peur que ça revienne. Toutes les nuits, ça revient. Toutes les nuits, je tremble et je tombe. Ça fait tellement mal dans ma blessure… tellement mal quand je tombe.

> *Disant cela, elle tremble et tombe. L'éclairage baisse sur elle et remonte sur Blanche et Maxime qui sort de la maison, cadenas dans une main et carabine dans l'autre. Blanche laisse la huche et, du bas de la galerie, regarde Maxime.*

Blanche
(Ironique.) Des fois, répondre au téléphone, ça prend plus de temps qu'on pense.

Maxime
C'est pas le téléphone qui a été long. On casse pas une maison sans couper l'eau. L'eau, c'est pas fait pour que les planches se noyent dedans. La pompe était solide: elle a mis du temps à comprendre. Après, c'était normal que je fasse comme vous et que, de toutes les pièces de la maison, j'en respire une dernière fois les airs. *(Il s'assoit dans sa berçante.)* Pour ma berçante, je pense la même chose: de la faire craquer une dernière fois, je pourrais pas lui rendre hommage autrement.

Blanche

(Montrant la chaise droite.) Je peux m'asseoir un moment?

Maxime

Mon portuna est dessus.

Blanche

À terre, il s'ennuierait pas, je pense.

Maxime

Il y a seulement Cecile qui avait le droit de s'asseoir là. La mort change rien au droit. Elle le justifie plutôt.

Blanche

J'aurais pas dû vous demander.

Maxime

On sait pas toujours ce qu'on demande. On demande pas tout le temps ce qu'on devrait demander non plus.

Blanche

Vous faites allusion au téléphone que vous avez reçu?

Maxime

C'était pas pour moi. C'était pour vous.

Blanche

Je savais que mes clients finiraient par perdre patience.

Maxime

S'agit pas de vos clients. C'était le bégayeux qui répond chez vous quand vous êtes pas là.

Blanche

Ça m'étonne pas de lui: il est jamais capable d'attendre quand la faim le poigne.

Maxime

Il a pas téléphoné parce qu'il avait faim.

Blanche

Pour quoi c'est faire d'abord? Mon bégayeux a jamais appelé pour autre chose que pour sa faim.

Maxime

Une fois rendue chez vous, vous allez savoir.

Blanche

Je me doute bien que vous avez hâte depuis longtemps que je m'en aille, mais vous vous êtes déjà servi de bien meilleurs prétextes pour vous débarrasser de moi.

Maxime

Je pense pas que votre fille Clara soye un prétexte.

Blanche

Ma fille Clara? *(Alors qu'il se lève.)* C'est pour Clara que mon bégayeux a téléphoné?

Maxime

(Tandis qu'il s'avance vers elle en descendant la galerie.) Elle était sans doute trop heureuse à Montréal.

Blanche

Que c'est que vous voulez dire, Maxime?

Maxime

Allez chez vous: ce que vous devez apprendre, c'est pas à moi de m'en charger.

Blanche

(Appréhendant déjà le pire.) Y est arrivé quoi à Clara?

Maxime

Elle a eu un accident de machine. Elle est à l'hôpital à l'heure qu'il est.

Blanche

Est morte, c'est ça? *(Elle prend Maxime par le revers de son veston.)* Pourquoi vous me le dites pas que Clara est morte?

Maxime

(De ses mains entourant les poignets de Blanche.) Je vous le dis pas parce que c'est pas le cas. En tout cas, c'est pas ce que votre bégayeux m'a annoncé.

Blanche

(Mouvement vers la galerie.) Faut que j'appelle tusuite.

Maxime

Ça vous donnerait rien d'entrer dans la maison: j'ai coupé le fil du téléphone tantôt. J'aurais dû le faire avant. Casser maison dans de la mauvaise nouvelle, c'est souvent de méchant augure. Rentrez chez vous, Blanche. Vous avez plus autre chose à faire.

Blanche

(Elle revient sur ses pas.) S'il fallait que Clara meure, je pourrais pas supporter ça… je serais pas mieux que morte moi aussi.

Maxime

Vous savez encore rien. Quand on sait pas, il y a que du gaspil dans le mauvais sang qu'on se fait. *(Devant elle.)* Votre machine est parquée juste à côté de mon piquet de ligne. Je peux me rendre jusque-là avec vous. Venez donc, Blanche.

Blanche

(*Elle fait des efforts pour se reprendre en main.*) Ça sera pas la peine: ça va mieux là.

Maxime

(*Il la regarde, après un temps.*) Adieu, Blanche.

Blanche

Pourquoi adieu? Dès que je vais être rassurée par rapport à Clara, je vais revenir vous le faire assavoir.

Maxime

Si vous reveniez, vous reviendriez pour rien: il restera plus rien d'autre ici que la maison. Mais le monde est petit: se piler encore sur les pieds, il y aurait rien de maladonnant que ç'arrive. Bonne chance, Blanche.

Blanche

Embrassez-moi au moins.

Maxime

À mon âge, on a plus les lèvres pour.

> *Il laisse Blanche et s'en va vers la galerie. Partagée entre le désir de s'en aller prendre des nouvelles de Clara et celui de rester, Blanche hésite. Maxime s'assoit dans sa berçante, prend la carabine à côté de sa chaise, et la regarde.*

Blanche

Faites pas de folies toujours. Vous me le promettez?

> *Maxime ne répond pas. Blanche hoche la tête et s'en va. Maxime paraît bien absorbé*

par la carabine. Puis il lève les yeux au ciel; l'éclairage change; ce sera la nuit tantôt. Maxime baisse les yeux et regarde au-delà des spectateurs.

Maxime

Je pouvais pas dire à Blanche que sa fille est morte. Annoncer la mort, ça oblige tout le temps. Quand c'est arrivé pour Cecile, je l'ai appris par Milien. Moi, j'étais au fronteau de ma terre, en train de défardocher. Milien délivrait la malle. Il a pas fait autre chose pendant quarante ans. Quand elle l'a vu venir, Cecile est descendue de la galerie et s'est rendue jusqu'à la boîte à lettres. Dedans, il y avait rien d'autre que des circulaires de People's et de la Co-op. Cecile est venue pour les prendre, mais la tête lui a chaviré, les jambes lui ont manqué et elle est tombée dans la plate-bande de géraniums. Il y avait qu'un peu de sang qui coulait de sa bouche. À part ça, c'était plus rien que de la mort. Parce que Milien m'en a averti, ça l'a obligé pour le reste. Il a organisé les funérailles, a appelé Bérangère et Castor. Si Milien m'avait pas annoncé la mort de Cecile, il aurait pas été obligé. Il y aurait pas eu de funérailles non plus, Bérangère et Castor seraient pas venus. Il y aurait eu qu'un peu de sang dans la plate-bande de géraniums, rien d'autre. Ç'aurait été mieux. C'est pour ça que j'ai rien dit à Blanche. Quand elle va savoir pour sa fille, elle pourra pas faire autrement que de prendre l'Océan Limité pour se rendre à Montréal. Si j'avais parlé, j'aurais été obligé de l'accompagner. Et accompagner quelqu'un, c'est comme pour l'embrassement: c'est plus de mon âge. *(Il se lève.)* À mon âge, on se contente de finir ce qu'on a commencé. *(Il appuie la carabine contre le poteau de la galerie.)* La porte d'abord.

*Il se dirige vers la porte en sortant un
cadenas de sa poche. Il installe le cadenas,
en éprouve la solidité. Satisfait, il laisse la
porte, va vers la chaise droite et la berçante.
Il prend son portuna et le dépose par terre. Il
se saisit des deux chaises et les apporte au
milieu de la scène, là où il y avait le piquet,
la boîte aux lettres et les géraniums. Il
retourne vers la galerie, prend le marteau et
la canisse de clous, et les apporte aussi au
milieu de la scène. Après, il va vers la huche
et la boîte de carton, qu'il va déposer avec les
autres choses au milieu de la scène. Puis il
se retrouve de nouveau devant la huche.*

Maxime

Je sais bien que c'est pas Gros Nez Cayouette qui a acheté
la huche. Il ferait pas la différence entre ça et une baratte
à beurre. De toute façon, il est bien trop serre-la-cenne
pour dépenser à propos de quelque chose qu'il saurait
même pas quoi faire avec. Il a servi de prête-nom à
Blanche qui voulait pas que je sache qu'elle tenait à
acquérir la huche. Le dessein de Blanche, je le devine: la
huche, c'est Bérangère qui voulait l'avoir. À Montréal, que
c'est qu'elle pourrait bien faire avec ça? Toute seule, elle
doit pas avoir grand-chose à boulanger. *(Il ouvre le
panneau de la huche.)* Moi, je mettais de vieux papiers
dedans, les circulaires que Milien délivrait dans la boîte à
lettres, avec le journal que ça servait à rien de le lire parce
que ça radotait toujours la même chose dedans. Là, tout
ça va au moins profiter à quelque chose.

*Il traîne la huche jusqu'au milieu de la
scène et organise en tas les affaires qui s'y
trouvent. Il ouvre ensuite le panneau de la
huche, prend des papiers qu'il froisse et
qu'il répand sur l'amas des choses.*

Maxime

Tous les étés, quand il faisait beau temps et dès que le soir tombait, Cecile s'assoyait sur la galerie et jouait de la musique à bouche, comme sa mère Florida faisait avant elle. Je l'écoutais un bon moment puis, quand le maringouinage risquait de changer la qualité de ce qu'elle jouait, je descendais de la galerie et je faisais un feu, comme mon père Bartholémie faisait avant moi. La musique et le feu, ça s'appareille bien, surtout dans le débour de l'été. Ça fait en dedans de soi comme de la réserve de chaleur pour l'hiver. Avant, j'étais trop jeune pour comprendre ce que m'en disait mon père. Même sans feu, j'avais du courage de reste pour n'importe quel hiver. Maintenant, je pourrais plus: le courage, c'est rien que du désir, et le désir, c'est comme du rondin vert: ça bave de sève. Quand c'est chessé dans le dedans du corps, on peut espérer rien d'autre que de se perdre dans l'hiver.

> *Jugeant qu'il a froissé assez de papiers, Maxime va vers la galerie. Il y prend la carabine, son portuna, et s'en revient vers le milieu de la scène. Il met le portuna par terre, puis sort une grosse allumette de bois de l'une de ses poches. Il vient pour la faire craquer contre le canon de la carabine lorsque Blanche, tout essoufflée, arrive auprès de lui. Elle est habillée d'une robe noire à pois et porte un chapeau. Elle a une petite valise à la main.*

Blanche

Tantôt, vous m'avez menti, Maxime.

Maxime

L'omission a rien à voir avec la menterie. Elle est plutôt tout indiquée quand on considère important de rester sur son quant-à-soi.

Blanche

Vous saviez que Clara est morte. Vous aviez pas le droit de faire comme si vous l'ignoriez. Vous avez agi par lâcheté.

Maxime

Mettons. Mais même si je voudrais, c'est trop tard pour que j'y change quelque chose.

Blanche

Je connais les traditions de la famille autant que vous. Vous m'avez menti parce que, autrement, vous auriez été obligé.

Maxime

Et c'est pour me dire ça que vous êtes revenue me voir?

Blanche

Vous avez toujours été un homme de principes, aussi bien pour vous-même que pour les autres. Vous en avez jamais dérogé. C'est pourquoi vous allez m'accompagner à Montréal maintenant. Passer six heures toute seule dans un train, je pourrais pas.

Maxime

Passer six heures dans un train, avec vous ou tout seul, je pourrais pas non plus.

Blanche

Vous me le devez.

Maxime

Je vous dois rien, Blanche.

Blanche

Vous me le devez pas rien que parce que vous m'avez menti. Vous me le devez parce que, de tout le monde que vous connaissez, je suis la seule qui s'est toujours refusée à vous aguir.

Maxime

Pour l'aguissage, vous avez jamais été douée. C'est pas toujours un avantage. Plus souvent qu'autrement, on fait qu'en pâtir. Mais moi, ça va m'apprendre. *(Il regarde vers la maison.)* Ça va m'apprendre qu'il y a des verres d'eau qu'on doit jamais offrir à quelqu'un d'essoufflé. Pour le reste, il serait temps que vous vous dépêchiez si vous voulez pas rater votre train. Il en passe plus qu'un le soir: ça serait embêtant pour vous de le rater.

Blanche

Je reste ici si vous venez pas avec moi.

Maxime

Je vais pas avec vous, Blanche. C'est pas tellement pour que je vous accompagne que vous voulez que je le fasse, mais parce que vous pensez à Bérangère et à Castor. Je suis encore capable de penser tout seul par-devers eux autres.

Blanche

Vous êtes dur.

Maxime

Non, je suis pas dur: je suis chessé par en dedans. C'est sans équipollence.

Blanche

(Après un temps de silence durant lequel ils se regardent.) J'ai manqué de courage. J'aurais pas dû.

> *Elle tourne le dos à Maxime et s'éloigne de lui. Il la regarde.*

Maxime

Elle a les même yeux que Cecile avait avant qu'il reste plus rien d'elle qu'une petite tache de sang dans la plate-bande de géraniums. C'est rempli à ras bord de terre noire.

> *Il fait craquer la grosse allumette de bois contre le canon de la carabine. Puis il met le feu aux débris de sa maison cassée. Il sort de la poche intérieure de son veston la lettre de Bérangère et la jette dans le feu.*

Maxime

De la paille, ça va brûler comme de la paille. Et puis, il va rester de la cendre, une petite tache de sang noir dans ce qui était autrefois une plate-bande de géraniums. Ça s'appelle vivre.

> *Il se penche, prend son portuna, regarde dans la direction où Blanche s'en est allée.*

Maxime

Attendez-moi, Blanche. Je vais vous accompagner à Montréal. De toute façon, je m'en allais par là. M'entendez-vous, Blanche?... M'entendez-vous?...

*Il s'en va dans la direction où Blanche s'en
est allée, avec la carabine et son portuna. Il
sort de scène.*

FIN DU PREMIER ACTE

Deuxième acte

*Q*uinze jours plus tard qu'à la fin du premier acte. Dans le tout fin commencement de l'automne.

Côte jardin, aucun changement: on retrouve l'habitat de Camille tel qu'il est au premier acte. À petits pas, Camille en fait le tour. À sa façon, il est endimanché.

Côté cour, aucun changement non plus: le petit jardin fleuri de Bérangère est comme avant, tout aussi bien aménagé et tout aussi bien entretenu. Pareil à Camille, Bérangère en fait le tour, à petits pas. À sa façon à elle aussi, elle est endimanchée.

L'éclairage descend lentement sur Camille et Bérangère, laissant dans la pénombre tout le reste de la scène symbolisant un petit parc de Montréal. À l'avant-scène, un carré de sable, avec un petit seau et une pelle dedans, et une balançoire comme on en retrouve dans les parcs: une planche reposant par le milieu sur un pied, et aux extrémités de laquelle on s'assoit, y faisant mouvement à l'aide des jambes. Au milieu de la scène, un banc, avec un gros arbre *derrière lui. Maxime est assis sur le banc. Il est habillé exactement de la même façon qu'au premier acte: chemise blanche, cravate noire, costume sombre et chapeau. Maxime lit son petit livre à voix basse.*

Maxime

(Très lentement.) Quomodo cantabimus canticum Domini in terra aliena? (Levant les yeux, regardant au-delà des spectateurs.) Il y a déjà un bon moment que le soleil est comme un poing de feu dans le ciel. Par ici, le soleil veut pas dire grand-chose. Par ici, il y a pas grand-monde pour s'ajuster sur son mouvement. Ou bien on se couche quand il se lève, ou bien on se lève quand il se couche. Moi, je regarde et ça me suffit. Il y a ce parc, il y a ce banc sur lequel je m'assois depuis quinze jours, il y a du monde qui va et vient. Je laisse faire. Et je fais rien. C'est ni plusse ni moins long qu'avant. C'est simplement un peu plusse frisquet le matin, avec moins d'oiseaux, moins de verdure et moins d'à peu près tout. Je m'en plains pas. Je laisse faire. Et je fais rien. Le monde a rapetissé, le monde a pâli. Bientôt, j'imagine que ça va se laisser voir au travers, quand la neige va se mettre à neiger. Après l'été et l'automne, c'est normal. Je laisse faire. Et je fais rien. J'attends que l'hiver mette son blanc-mange partout. En fait, j'attends même pas que l'hiver mette son blanc-mange partout. J'attends rien. Ça me suffit qu'il y ait ce parc, ce banc sur lequel je m'assois depuis quinze jours, ce monde qui va et vient, sans que je sache pourquoi ça va et pourquoi ça vient. Je voulais rien faire et je fais rien. Avec avant, il y a pas de différence. Il y a pas de différence entre faire de quoi et pas faire de quoi. Ça meurt de la même façon. Et ça se meurt de la même façon pour rien. *(Baissant la tête, se*

remettant à lire.) Quomodo cantabimus canticum
Domini in terra aliena?

> *La lumière baisse légèrement sur lui tandis*
> *qu'elle éclaire davantage Camille et*
> *Bérangère en train de tourner en rond, lui*
> *autour de son habitat, elle de son jardin.*

Camille

J'ai pas dormi de la nuit. Ça m'était pas arrivé encore de
pas dormir durant toute une nuit.

Bérangère

J'ai pas dormi de la nuit. Mais ça fait longtemps que je
dors plus la nuit.

Camille

Toute la nuit, j'ai mal rêvé. D'habitude, je rêve jamais.

Bérangère

D'habitude, je rêve toujours, même quand je dors pas.
Cette nuit, il n'y a pas eu de rêves.

Camille

Cette nuit, il y a eu que des images. J'ai jamais aimé les
images. Les images sentent jamais bon et elles sont
pleines de pièges pour rien. Hier soir, j'aurais pas dû
accepter de recevoir Blanche. Elle était tout entourée
d'images et il y avait que des pièges dedans. Aussitôt que
Blanche est arrivée, je l'ai compris avant même qu'elle
n'ait ouvert la bouche. Je voyais comme de gros crapauds
gluants qui sortaient de ses yeux.

Bérangère

Hier soir, j'aurais dû recevoir Blanche. Je lui ai dit oui quand elle a téléphoné. Et je l'ai attendue en surveillant derrière la fenêtre. Le taxi est arrivé, Blanche en est descendue, elle a marché jusqu'à la porte, puis elle a sonné. J'ai pas répondu. Trois fois ç'a sonné, et trois fois j'ai pas répondu. Je suis restée derrière la fenêtre, c'était plein de nœuds en moi, j'étais incapable de bouger, j'étais incapable de parler. J'avais peur.

Camille

Bérangère a passé sa vie à avoir peur. Maintenant, c'est juste pire qu'avant.

Bérangère

Avant, papa était loin. Mais il avait ses champs, ses bêtes, son roulant et sa maison. C'était proche au fond. Maintenant, il lui reste plus rien de tout ça.

Camille

Il lui en reste encore bien trop.

Bérangère

Papa a loué une chambre grande comme la main chez Baptiste Pichlotte, dans la Petite-Gaspésie. Avant qu'elle meure, la fille de Blanche habitait là aussi, avec son mari Marcellin et leur fille Mélanie.

Camille

Quand tout ce monde-là vivait sur leurs terres, ils étaient jamais capables de s'entendre sur rien. Ils s'aguissaient à mort et se trouvaient jamais assez loin les uns des autres. Une fois à Montréal, ça se rassemble par tapons et ça fait plus rien que cacasser pour rien sur le passé. De me le faire rappeler par Blanche m'a enragé.

Bérangère

Je sais pas grand-chose sur papa depuis qu'il est à Montréal. Blanche m'a juste dit que, dès que le jour se lève, papa quitte sa chambre et s'en va dans ce petit parc qu'il y a devant la maison de Baptiste Pichlotte. Il s'assoit sur un banc et reste là, à lire le même petit livre qu'il lisait quand on restait ensemble. Je sais rien d'autre sur papa. Et je tourne en rond depuis ce matin parce que je sais rien d'autre sur papa.

Camille

Après la visite de Blanche, j'ai voulu téléphoner à Bérangère. J'ai même traversé par deux fois toute la ville pour me rendre chez elle. Bérangère faisait la morte derrière la porte. Quand Bérangère fait la morte, ça donne rien d'insister. Il a bien fallu que je m'en revienne et que je passe toute la nuit avec ces gros crapauds gluants qui sortaient des yeux de Blanche. Tout ça parce que le père fait un fou de lui depuis qu'il est à Montréal. Il passe pas rien que son temps à lire, assis sur son banc dans le petit parc. Quand Blanche y emmène sa petite-fille, il fait pour elle des maisons, à quatre pattes dans le carré de sable. Puis il monte avec la petite-fille de Blanche dans la grosse araignée qu'il y a au bout du parc. Quand il est rendu en haut, le père raconte toutes sortes de niaiseries à la petite-fille de Blanche. Blanche trouve ça bien beau, et en rajoute. Elle était toute fière de me dire qu'avec le père, elle a passé presquement tout l'après-midi d'hier à se balanciner, avec sa petite-fille entre eux deux. Quand Bérangère et moi on était petits, le père jouait jamais avec nous autres. On était toujours de trop, même si c'était seulement pour s'asseoir sur lui. Quand Bérangère et moi, on voulait jouer, il fallait qu'on aille se cacher sur le fenil, derrière les bottes de foin. Et le père finissait toujours par nous surprendre, et j'avais pas assez de viande sur le corps pour que ses coups me laissent pas en petits morceaux. J'aurais pas dû recevoir Blanche. Maintenant, j'en sais trop sur le père. C'est bien assez pour que j'aie passé toute la nuit dans des rêves de gros crapauds gluants et c'est bien assez pour que je tourne en rond depuis ce matin. (Il entre dans son habitat.) Mais je tournerai pas en rond de même toute la journée. (On devine qu'il prend le téléphone.) Sur son petit banc dans le parc, le père en aura pas pour longtemps encore à faire un fou de lui.

Bérangère

(Sursautant, allongeant la main comme pour répondre au téléphone.) Je voudrais répondre mais je peux pas. Quand il n'y a pas d'images comme ce matin, je peux pas répondre au téléphone. Quand il n'y a pas d'images comme ce matin, je fais rien que tourner en rond.

Camille

(Alors qu'elle se remet à le faire.) Réponds, Bérangère! Tu le sais bien que c'est moi qui appelle! Arrête de faire la morte et réponds!

Bérangère

Je faisais pas la morte quand Camille est venu hier soir. J'avais peur comme j'ai peur toutes les nuits. Je voulais pas tomber, je voulais pas trembler, je voulais pas que les images trouvent la blessure. Quand les images trouvent la blessure, ça devient plein de sang et ça fait mal.

Camille

Réponds, Bérangère! Réponds!

Bérangère

(Cessant de tourner en rond.) Même si je peux pas, je fais mieux de répondre pareil. Sinon, Camille va venir et ça va être pire. (Se tournant vers l'habitat de Camille.) Je suis là, Camille. Même si je peux pas répondre au téléphone, je suis là.

Camille
C'est aussi bien parce que je m'en allais demander un taxi pour me rendre chez toi.

Bérangère
Ce matin, je pourrais pas te recevoir. Je peux jamais, le matin.

Camille
Je la connais ta chanson, Bérangère. Et c'est pas pour l'entendre encore que je t'appelle. Blanche m'a tout raconté au sujet du père et j'en sais maintenant trop sur lui. Ce matin, c'est le temps que ça se règle.

Bérangère
Je peux jamais, le matin. Tu le sais bien que je peux jamais, le matin.

Camille
Bérangère, je te l'ai dit que je la connais ta chanson!

Bérangère
Tu parles trop fort le matin. Ça me fait peur.

Camille
Tout ce que je te demande, c'est de venir me rejoindre dans le parc où c'est que le père passe tout son temps assis sur un banc. Je vais y être dans une heure. Et ça serait mieux que tu y sois aussi parce que, autrement, je vais agir tout seul, comme je l'entends. Dans une heure, Bérangère! Moi, je pars tusuite. Fais-en autant.

Bérangère
(Alors que Camille sort de son habitat, et comme si elle

laissait le téléphone pendre au bout de son bras, tout en regardant autour d'elle.) Une heure?... Pour l'autre bout du monde... rien qu'une heure?... Je pourrai jamais... je peux jamais quand il y a pas d'images: j'ai bien trop peur. *(Elle effleure sa cicatrice.)* Je peux pas me rendre jusqu'au parc, je peux pas sortir d'ici. Il y a déjà trop de lumière, il y a déjà ce petit vent frais et c'est plein d'odeurs que je saurai jamais reconnaître. Il y a trop de voitures dedans. Il y a trop de cheminées d'usines dedans. Il y a trop d'eau usée dedans. Me rendre seulement au coin de la rue, ça me ferait trop mal. *(Laissant tomber sa main.)* Avant, il n'y avait pas de blessure nulle part. *(S'avançant.)* Moi, je pars tusuite. Fais-en autant. *(Comme si elle voulait sortir du jardin.)* Moi, je pars tusuite. Fais-en autant. Moi, je pars tusuite. Fais-en autant.

> *Bérangère continue de répéter cette phrase en faisant toujours comme si elle essayait de sortir de son jardin. Pendant ce temps, la lumière baisse sur le devant de la scène alors que celle du parc monte. On voit Blanche qui arrive dans le parc, regarde le carré de sable, puis va vers la balançoire qu'elle fait osciller. Elle se dirige ensuite vers Maxime qui est toujours assis sur son banc, en train de lire. Blanche s'assoit à côté de Maxime. Elle est habillée exactement comme à la fin du premier acte, sauf pour sa robe: elle est toujours à pois, mais sur fond de couleur automnale.*

Maxime
(Sans lever la tête de son petit livre.) Les autres jours, vous étiez plus matinale.

73

Blanche

C'est pourtant pas parce que je me suis levée plus tard que d'habitude.

Maxime

Des fois, on est plus lent. Des fois, c'est le monde qui est plus lent. C'est selon.

Blanche

(Elle le regarde, lui qui a toujours le nez plongé dans son petit livre.) J'aurai pas à m'occuper de Mélanie aujourd'hui. Même si je voulais pas, Marcellin est allé la porter en garderie tantôt. Je suis partie de la maison juste avant: j'avais peur que Mélanie s'accroche amont moi. Depuis quinze jours, elle s'est autant attachée à moi que moi à elle. Je m'en suis rendu compte seulement une fois que je me suis agenouillée dans l'église. Parce que, avant de m'en venir ici, je suis passée par l'église. Il faut bien que je prie pour Clara: Mélanie est encore bien trop petite pour comprendre et Marcellin a déjà les yeux ailleurs. Ça fait tout juste quinze jours que Clara est morte et Marcellin a déjà les yeux ailleurs. Ça me fait presque autant de peine que la mort de Clara. Moi, avoir déjà les yeux ailleurs après de la mort aussi vite, je pourrais pas. Ça me ferait me sentir toute malodorante dans le dedans de moi, et je pourrais pas. *(Parce qu'il a toujours le nez dans son livre.)* Ç'a l'air intéressant, ce que vous lisez.

Maxime

(Fermant son petit livre.) Depuis le temps que vous me voyez le lire, vous devez bien savoir que c'est un livre de messe. Un livre de messe, ç'a rien de plus intéressant qu'il faut.

Blanche

Je m'en souviens. Les soirs d'été, quand on passait de par

la devanture de la maison chez vous, vous étiez assis dans votre berçante et vous lisiez, pareil à aujourd'hui.

Maxime

(Mettant son petit livre dans la poche de son veston.) Ça appartenait à mon père. Je l'ai eu en même temps que tout le reste quand il s'est donné à moi. Comme il en lisait des passages tous les jours, j'ai fait pareil même si je comprends rien parce que les mots là-dedans sont écrits en latin. C'est de la vieille habitude, rien de plusse.

Blanche

J'en connais des plus méchantes. Je pense pas que le Bon Dieu vous disputerait pour ça. Mais peut-être que vous pensez du Bon Dieu ce que vous pensez pour vos enfants: peut-être qu'il existe pas pour vous?

Maxime

Il a pas besoin de nous autres. Ça fait qu'il peut pas être bien utile. S'il avait besoin de nous autres, ça ferait peut-être de la différence.

Blanche

(Il vient pour se lever mais elle lui met la main sur le bras.) J'ai vu Camille hier soir.

Maxime

Vous avez le droit de voir qui vous voulez. Vous avez pas de comptes à me rendre.

Blanche

Je devais voir Bérangère aussi mais elle m'a pas répondu quand j'ai sonné à sa porte. *(Lui ne réagissant pas.)* Maxime, on est à Montréal depuis quinze jours et vous avez pas encore donné signe de vie à vos enfants.

Maxime

Ils m'en ont pas donné non plus.

Blanche

Ils attendent peut-être que vous fassiez les premiers pas. Des fois, il y a rien de malaccommodant à faire les premiers pas.

Maxime

Si je dois faire des pas, je les ferai quand le moment sera venu. *(Se levant.)* Là, je me contente de vous accompagner comme je me suis obligé à le faire.

Blanche

Je vous en demandais pas si tant. Quand on est montés à bord de l'Océan Limité tous les deux pour s'en venir à Montréal, je pensais pas que je resterais ici aussi longtemps. Je pensais pas que Marcellin voudrait que je m'occupe de Mélanie. Je pensais pas non plus que je vous verrais tous les jours et que vous deviendriez pareil à un complice par rapport à Mélanie. Vous m'avez tellement aidée, Maxime! Si vous aviez pas été là, je pense que j'aurais pas passé au travers de la mort de Clara.

Maxime

J'ai pourtant fait rien d'autre que de vous accompagner. C'est pas soi-même qui passe au travers de la mort, c'est la mort qui passe au travers de soi-même.

Blanche

Peut-être mais, sans vous, j'aurais pas été capable. *(Alors qu'il vient pour s'éloigner.)* Maxime…

Maxime

(S'arrêtant, la regardant qui se lève.) Quoi donc, Blanche?

Blanche

Je serai plus là betôt. Maintenant que Marcellin a porté Mélanie en garderie, il va bien falloir que je pense à m'en retourner par chez nous. Ma maison commence à me manquer: je l'ai jamais laissée derrière moi bien longtemps. Et puis, ç'a dû geler déjà par chez nous: les fèves de mon jardin seront même plus bonnes à faire de la soupe. Dans le vôtre, ça doit être aussi pigrassé. Mais peut-être que vous, vous avez pas d'ennuyance, ni pour votre jardin, ni pour votre maison? Elle vous manque pas des fois?

Maxime

J'y pense pas, c'est toute.

Blanche

Je me demande bien comment vous faites. Moi, je pourrais pas.

Maxime

Pas penser, c'est pourtant facile. Ça demande rien de plusse que de ne pas penser.

> *Il s'éloigne, s'en allant vers la balançoire. Il met la main dessus et la fait osciller. Un moment, Blanche le regarde, puis va le rejoindre.*

Blanche

Hier, j'ai bien aimé ça quand on s'est balancinés avec Mélanie. Mais vous avez pas trouvé qu'on faisait dépareillés tous les deux?

Maxime

Je viens de vous le dire, Blanche. Pas penser, c'est pourtant facile: ça demande rien de plusse que de pas penser.

Blanche

(Elle imite Maxime, mettant sa main sur la balançoire.) De me balanciner hier, ça m'a rappelé quand Cecile et moi, on était petites. Il y avait une balançoire pareille à celle-là au fond de la cour chez vous. Cecile et moi, on était toujours montées dessus. En tout cas, ç'a duré jusqu'à ce soir-là que vous avez fait fumer le crapaud avec Marcellin. Vous vous souvenez?

Maxime

Les souvenirs, ç'a jamais été mon fort.

Blanche

C'était cruel, Maxime. Vous avez installé le crapaud sur un bout de la balançoire, vous avez allumé une cigarette, vous l'avez mise dans la bouche du crapaud. Le crapaud s'est mis à envaler de la fumée, il en a tellement envalé qu'il a tout enflé de partout puis qu'il a éclaté. Après ça, Cecile et moi on est plus jamais montées sur la balançoire. Vous vous souvenez vraiment pas?

> *Maxime ne répond pas. Il laisse la balançoire et va vers le carré de sable. Il y entre, s'y accroupit et commence à creuser dans le sable avec la petite pelle.*

Blanche

Vous allez vous donner bien de la peine pour rien, Maxime. Vos châteaux-au-secours, Mélanie sera pas là aujourd'hui pour les admirer. *(Alors qu'il creuse toujours.)* Mais que c'est que vous faites donc?

> *Maxime ne répond toujours pas et continue de creuser avec la petite pelle. Puis il sort du sable une boîte, du genre de celles qu'on utilise à la* Rôtisserie Saint-Hubert *pour la livraison. Il sort aussi du sable deux Coca-Cola.*

Blanche
Voulez-vous bien me dire c'est quoi ça?

Maxime
(Redressant la tête, la regardant.) Hier, vous avez essayé de me le dire, mais ç'a pas été possible pour vous. Je connais le dessein que vous avez, je sais que ce soir, vous allez reprendre l'Océan Limité pour vous en retourner chez vous. Et vous avez bien raison; vous avez assez pâli de même.

Blanche
(Il se redresse, tenant la boîte et les deux Coca-Cola.) Pâli?

Maxime
Mon père prétendait que, quand on va trop loin trop longtemps, on peut pas faire autrement que de pâlir. C'est ce qui vous arrive. Vous faites donc bien de vous en retourner chez vous. *(Montrant le banc.)* Mais en attendant, on va aller s'assir. Assis, c'est moins malcommode pour manger.

Blanche
Il est bien trop de bonne heure pour dîner. À part ça que j'ai vraiment pas faim.

Maxime

(Elle le suit vers le banc.) La faim a pas d'importance. Quand on finit d'accompagner quelqu'un, c'est dans la règle de manger une dernière fois avec lui. J'aurais dû préparer le manger moi-même, mais je suis pas équipé pour le faire. Je pense pas que la règle va s'en offusquer. *(Devant le banc.)* Assoyez-vous, Blanche. *(Elle s'assoit, un brin essoufflée; il dépose le carton et les deux Coca-Cola sur le banc, et la regarde.)* Pardonnez-moi, Blanche.

Blanche

Je vois mal ce que j'aurais à vous pardonner.

Maxime

C'était de la façon de parler. Je voulais juste dire qu'après la mangeaille, vous aurez plus rien à attendre de moi. L'accompagnement pourra plus que devenir caduc.

Blanche

Je le savais que, tôt ou tard, il faudrait bien que ça en vienne là. Vous m'avez accompagnée quinze jours: c'est déjà bien plusse que tout ce à quoi j'avais droit. Ça m'a permis de vous connaître autrement que par chez nous. Je vous avais jamais vu prendre du plaisir à vous amuser avec un enfant comme vous l'avez fait pour Mélanie.

Maxime

Je prenais pas de plaisir avec elle et je m'amusais pas non plus. Je vous accompagnais. Il y a pas de plaisir et on s'amuse pas quand on accompagne quelqu'un.

Blanche

Même quand vous avez pour Mélanie gossé dans le bois toute cette ferme avec, au milieu, la petite maison blanche? Je vous crois pas, Maxime.

Maxime

Vous êtes pas forcée.

Blanche

J'ai toujours trouvé que vous étiez un homme secret. Je veux dire: je pensais ça quand vous restiez dans la maison chez vous. Depuis qu'on est à Montréal, je pense plus ça parce que je vous connais autrement.

Maxime

Vous me connaissez pas plusse aujourd'hui que vous me connaissiez il y a quinze jours. C'est comme ça que je vous trompe. J'ai été et je resterai toujours un homme mauvais, un bien méchant homme. Et je le regrette même pas. Ça se ferait pareil si ça devait se refaire.

Blanche

Ça change rien pour ce que je pense maintenant par-devers vous. Hier, j'ai pas eu l'idée à autre chose. Je me voyais revenue chez nous, je me voyais dans ma maison, à regarder le jardin par la fenêtre, avec sa colonie de rouges-gorges dans l'érable et le gros chien jaune tout au fond de la cour. Je me voyais devant tout ça et je me disais…

Maxime

Je le sais ce que vous vous disiez. Mais de m'en parler, ça sert à rien.

Blanche

(*Après l'avoir regardé, baissant les yeux.*) Vous avez raison: dans la soixantaine avancée, on devrait être à l'abri de ça. Ça serait pas raisonnable de toute façon.

Maxime

Avec quelqu'un d'autre, ça serait raisonnable. Mais pas avec moi. (*Il s'assoit de manière à ce que les deux Coca-*

Cola et le carton soient entre eux.) De vous l'avoir dit, j'espère juste que ça nous empêchera pas de manger comme on doit le faire.

Blanche

(Il vient pour déficeler le carton. Elle lui effleure la main.) Maxime, il y a aussi autre chose qu'il faut que je vous dise. À Marcellin, je m'en sens pas le courage. On peut pas parler de ça à son gendre.

Maxime

Forcez-vous pas pour rien, Blanche. Je sais ce que vous voulez me dire.

Blanche

Vous pouvez pas savoir.

Maxime

(Ils se regardent. Il y a un temps.) Les yeux, ça trompe pas. On peut se méprendre sur le reste, mais pas sur les yeux. Les vôtres sont déjà pleins de terre noire. Et vous avez plus de souffle. Ça va avec les yeux, le souffle. Ça fait déjà des années que, juste à vous voir, c'est de comprendement aisé même si vous faisiez tout pour que ça se remarque pas. Vous souleviez bien du vent autour de vous. Le vent, on finit par plus voir que lui et tout le reste vire loin dedans. Mais, depuis la mort de votre fille, c'est impossible pour le vent de continuer à virer loin dedans. C'est ce que vos yeux disent. C'est ce que votre souffle dit.

Blanche

C'est parce que vous le saviez que vous avez toujours refusé que je devienne votre amie de femme?

Maxime

Ç'a rien à voir. Si, pour moi, c'était possible, eh bien je

vous prendrais comme vous êtes. Je vous prendrais peut-être d'autant plusse à cause de ce qui arrive à vos yeux et à votre souffle. Mais je vous l'ai dit: je peux pas.

Blanche

Ça va être difficile.

Maxime

Ça dépend. On peut pas savoir d'avance.

Blanche

J'aurais pas dû parler. J'aurais dû garder ça pour moi.

Maxime

Vous avez laissé dire votre cœur. Ça dit comme ça peut, le cœur. *(Ils se regardent.)* Si vous en avez envie, faut brailler. Moi, j'aimerais ça en être encore capable des fois. Mais c'est trop tard. Quand c'est tout chessé par en dedans, les arbres ont plus de sève. C'est creux, avec rien d'autre que de l'écorce désâmée. Maintenant, faut manger. Après, ça va être le temps pour moi d'aller voir Castor.

Blanche

Camille, vous l'avez toujours appelé Castor. C'est un drôle de surbroquet.

Maxime

Des fois, ce sont les noms qui sont drôles parce que ç'a été mal baptêmé et que ça dit juste le contraire de ce que ça devrait signifier. Ma mère pensait de même et elle attendait tout le temps qu'il fallait avant de savoir comment elle devait appeler ses enfants. Elle-même se nommait Bérangère, comme ma fille. Ça remonte aux Sauvages et ça veut dire du nuage de tristesse dans du ciel tout bleu. Moi, c'est Maxime: le sens que ça donne, c'est qu'un jour, ça doit se renoncer.

Blanche

Et Camille?

Maxime

De la franchanté et du pur, tout le contraire de ce qu'il a jamais été. Il avait déjà cinq ans qu'il demandait encore à Cecile ou bien à Bérangère qu'elles l'habillent en fille. Il était tout le temps pendu à leurs jupes. Quand on le rabrouait, il faisait plus rien que de mordre dans de petits morceaux de bois, comme font les castors. *(Pendant qu'il dit ceci, il a déficelé le carton et l'ouvre.)* Ça va être froid, mais ça devrait se désosser pareil. *(Il lui tend une patte de poulet.)* Même si vous avez pas faim à cause de vos yeux et de votre souffle, forcez-vous un brin. Moi, je vais faire pareil.

Blanche

(Prenant la patte de poulet.) Mais après, Maxime?

Maxime

(Il a pris pour lui-même une patte de poulet.) On est déjà dans l'après. Ça veut rien dire de plusse qu'il faut manger maintenant.

> *Il croque dans la patte de poulet. Blanche l'imite. La lumière baisse lentement sur eux tandis que l'éclairage s'élève sur Camille et Bérangère. Lui tourne à petits pas autour de son habitat, portant la carabine; et elle tourne à petits pas aussi autour de son jardin. Elle porte des lunettes noires qui cachent le haut de sa cicatrice. Après un temps, elle s'arrête, enlève ses lunettes noires et regarde au-delà des spectateurs.*

Bérangère

Camille m'avait dit: moi, je pars tusuite. Fais-en autant.
Moi, je pars tusuite. Fais-en autant. J'ai essayé, j'ai tout fait
pour y aller, mais aussitôt que je traversais le jardin, la
lumière me repoussait par en dedans. Elle me faisait trop
mal. Même avec les lunettes noires, j'aurais pas pu me
rendre jusqu'au parc. Mais je peux marcher de nouveau
autour du jardin et je peux m'occuper de mes fleurs.
Même avec les lunettes noires, le plus loin que je peux me
rendre, c'est autour du jardin.

> *Elle se remet à faire de petits pas. Camille*
> *s'arrête et regarde au-delà des spectateurs.*

Camille

Une fois dans le parc, j'ai attendu que Bérangère arrive
même si je me doutais bien qu'elle viendrait pas. Quand
je l'appelle trop de bonne heure le matin, Bérangère
prend plein de médicaments. Puis elle s'imagine qu'elle a
des lunettes noires devant les yeux, et elle fait plus que de
s'occuper de son jardin. Une fois dans le parc, je me suis
fatigué de l'attendre. Je me suis caché derrière le gros
arbre devant lequel il y a le banc et j'ai regardé. J'ai vu le
père dans le carré de sable, je l'ai vu avec son carton de la
Rôtisserie Saint-Hubert, je l'ai vu s'asseoir avec Blanche
sur le banc, et j'ai entendu ce qu'ils ont commencé à se
dire. Puis j'ai vu la carabine dans le creux des racines de
l'arbre. Et j'ai compris pourquoi le père est venu à
Montréal. J'ai pris la carabine et je m'en suis revenu.
Maintenant que je l'ai, il y a plus rien qui peut m'intéresser
dans ce que pourrait bien faire le père. Il existe plus,
comme avant. Il est mort, comme avant. Maintenant, je
vais appeler Bérangère.

Il fait comme s'il composait un numéro tandis que Bérangère s'arrête et regarde au-delà des spectateurs.

Bérangère

Avec les lunettes noires, j'ai moins peur. Avec les lunettes noires, les images commencent à revenir. Peut-être qu'elles vont être suffisamment apaisantes pour que, tantôt, je puisse enfin me rendre jusqu'au parc. Quand j'étais petite, je pouvais me rendre du jardin à la maison, j'avais pas besoin de lunettes noires. J'avais qu'à lever les yeux et je voyais papa qui était assis sur la galerie dans la berçante, en train de lire. Je me mettais à courir. C'était facile. C'était simple. Il n'y avait pas de couteau dans la lumière. Je pouvais courir très loin sans avoir peur. Jusqu'au fronteau de la terre de papa, je pouvais courir sans avoir peur. Juste avant le piquet de ligne à Rioux, une petite chute coulait, avec un remous en bas. Dans le plein de l'été, on y allait tous les dimanches quand il faisait beau. Surtout dans la saison des framboises, c'était bien regardable. Il y avait papa, il y avait maman, il y avait Camille, il y avait parfois Blanche et les enfants de Blanche. Le jour était tranquille, avec un petit vent frais sans doute, et plein d'odeurs que je savais toujours reconnaître. Il y avait pas de voitures dedans. Il y avait pas de cheminées d'usines dedans. Il y avait pas d'eau usée dedans. Il y avait l'odeur des framboises, l'odeur des feuilles. Il n'y avait pas de blessure nulle part. Maman jouait de la musique à bouche et moi je regardais l'eau qui se jetait de toutes ses forces en bas de la chute. C'était suffisant. *(Elle tourne la tête vers le jardin.)* Maintenant que les images reviennent, je vais pouvoir m'occuper un peu de mon jardin, je vais pouvoir enlever toutes les blessures des feuilles. Après, il n'y aura plus de couteau dans la lumière et je vais pouvoir m'en aller vers le parc. Après, je vais pouvoir aussi répondre au téléphone. Juste après. Pas avant.

Une à une, elle se met à enlever les feuilles blessées de ses plantes, lentement.

Camille

(Comme s'il abandonnait le téléphone.) Je savais que Bérangère répondrait pas: elle répond jamais quand elle prend plein de médicaments et qu'elle s'imagine qu'elle a des lunettes noires devant les yeux. Je la rappellerai plus tard. Maintenant que j'ai la carabine, il y a moins de presse partout. Je vais dormir un peu et il y aura plus de crapauds gluants nulle part. Il y aura plus d'images, comme avant. Je vais être simplement heureux, comme avant.

Il bâille et fait comme s'il se couchait tandis que la lumière baisse sur lui et Bérangère. L'éclairage revient dans le parc. Debout, Maxime met dans le carton de la Rôtisserie Saint-Hubert *les restes du repas et les deux bouteilles de Coca-Cola qui n'ont pas été ouvertes.*

Blanche

Laissez donc faire, Maxime. Je vais m'en occuper.

Maxime

Ce qu'on commence soi-même, c'est mieux de le terminer soi-même.

Blanche

(*Elle se lève.*) Non, j'y tiens.

Maxime

Il y a une poubelle derrière l'arbre. Comme il faut que j'y aille, c'est pas du grand dérangement pour moi.

> *Il disparaît derrière l'arbre. Blanche ne bouge pas. Maxime réapparaît presque tout de suite de derrière l'arbre. Il tient son portuna à la main. Son visage est comme de bois.*

Blanche

Quelque chose qui va pas?

Maxime

Ça va toujours comme ça doit aller. (*Son visage redevenant comme il était avant qu'il n'aille derrière l'arbre, et s'avançant, et regardant Blanche un bon moment.*) Si vous voulez toujours que je vous embrasse, ça serait le moment.

Blanche

Je vous l'ai demandé une fois devant la maison chez vous et vous m'avez répondu que vous aviez plus les lèvres pour.

Maxime

Je les ai pas plusse aujourd'hui. Mais, après avoir accompagné quelqu'un, c'est dans l'usage de l'embrasser.

> *Ils se regardent encore, elle faisant de gros efforts pour rester sur son quant-à-soi. Elle*

tend la joue. Il l'effleure poliment de sa
bouche. Elle tend l'autre joue, et il l'effleure
encore poliment de sa bouche.

Blanche

Adieu, Maxime.

Maxime

Pourquoi adieu?

Blanche

Même si le monde est petit, je pense pas que ça va être adonnant ni pour vous ni pour moi de repasser encore par ici.

Maxime

Ça s'appelle la vie.

Blanche

Ça s'appelle la vie. *(Maxime lui tournant le dos et faisant quelques pas.)* Maxime?

Maxime

(S'arrêtant mais sans tourner la tête.) Quoi donc?

Blanche

Faites pas de folies toujours.

Il ne dit rien et se remet à marcher. Blan-
che le regarde puis, comme si les jambes lui
manquaient, elle s'appuie d'abord contre le
banc avant de s'y asseoir. Elle respire
profond et regarde au-delà des spectateurs.

Blanche

J'aurais voulu lui cacher que je suis malade. J'aurais voulu lui cacher aussi que j'ai toujours pensé qu'un jour, je pourrais devenir bien plusse que son amie de femme. Même toute petite, je rêvais à ça. J'ai jamais compris pourquoi il a épousé ma sœur Cecile plutôt que moi. C'était une bonne personne qui avait des yeux autrement plus noirs que les miens. Mais, contrairement à moi, elle parlait jamais. Mais, contrairement à moi, c'était rare qu'on la voyait dans les champs ou bien à l'étable. Les bêtes lui faisaient peur. Tout lui faisait peur. Pour la terre, Cecile était pas d'un grand appui pour Maxime. Elle était bien que quand elle jouait de la musique à bouche. Elle avait pas le corps qu'il fallait pour le reste. Ses enfants, elle les a élevés comme elle vivait, en faisant jamais que de l'effleurage. C'est ça surtout que Maxime a jamais pu accepter. *(Trop essoufflée, elle s'arrête et s'éponge le front.)* Me voilà en train de médire parce que j'ai tout le corps enchagriné, ce qui dépend pourtant de personne. Je suis si vieille, j'aurais jamais pensé qu'un jour, je pourrais devenir aussi vieille. Il y a juste quinze jours, j'aurais jamais pu me figurer ça, que la vie c'est rien que du petit fil et que ça tient pas à grand-chose. *(Elle s'arrête encore, comme pour reprendre son souffle.)* Je me suis jamais sentie aussi fatiguée. Je me suis jamais sentie aussi pésante. Comme de la terre noire dans les yeux. Faut que je me lève. Sinon, je pourrai plus tantôt. Ça serait pas fin pour Maxime si, malgré tout, il s'adonnait à repasser par ici. Ça serait pas fin non plus pour ma maison: elle doit s'ennuyer à m'attendre… et la colonie de rouges-gorges dans l'érable… et le gros chien jaune… au fond… au fond de la cour. Faut que je me lève. *(Debout, les jambes flageolantes.)* La maison, faut que je retrouve ma maison. *(Elle fait quelques pas, fermant et rouvrant les yeux.)* De la terre noire… je vois de la terre noire qui m'entre dedans les yeux… noire… toute chessée.

Elle fait encore quelques pas, très incertaine d'elle. Puis les jambes lui manquent. Elle se retrouve à genoux.

Blanche

Noire… pas maintenant… chessée… pas maintenant… maison… maison… maison.

La lumière baisse lentement sur elle alors que, toujours à genoux, elle se rend jusqu'au banc et essaie d'y monter. En même temps, l'éclairage descend sur le devant de la scène. Bérangère s'occupe toujours de son jardin. Debout à l'intérieur de son habitat, Camille tient la carabine. Maxime est de l'autre côté.

Maxime

Quand j'ai vu que la carabine était plus dans les racines de l'arbre, j'ai bien pensé que c'était toi qui étais venu la prendre. Il fallait bien que t'agisses encore une fois comme t'as toujours agi: en hypocrite, par derrière. Tant que tu vas vivre, tu seras bien toujours le peureux que j'ai connu. Ta carabine, je voulais pas te tuer avec. De l'air, ça se tue pas. Ta carabine, je voulais que te la redonner. Après les funérailles de Cecile, t'es parti trop vite. Il y avait un peu de sang dessus mais c'était pas une raison pour la laisser là devant la maison.

Camille

(Alors que Maxime fait un pas, comme s'il voulait entrer dans l'habitat.) Ici, c'est ma maison, le père. Tu entreras jamais dans ma maison. Reste où t'es. Reste dehors.

Maxime

Je voulais pas entrer: ta maison m'intéresse pas. Je voulais juste voir si t'es encore aussi poltron qu'avant.

Camille

Tu me provoques. Depuis que je suis au monde, t'as jamais fait autre chose que ça, me provoquer.

Maxime

Te provoquer, j'aurais bien voulu. Mais de l'air, ça se tue pas plusse que ça se provoque.

Camille

Maintenant, je pourrais te tuer si je voulais. Tu me fais plus peur.

Maxime

S'il y a quelque chose, c'est que t'as encore plus peur qu'avant. Là, je vais te tourner le dos. Profite-z'en pour me tuer. Par derrière, ç'a toujours été plus facile pour toi. *(Lui tournant le dos.)* Tire, Castor. T'en meurs d'envie depuis que t'es au monde.

Camille

J'en ai plus envie maintenant. Maintenant, c'est toi qui en as envie. Si je te tuais, t'aurais plus besoin de vivre dans la honte. Et dans la honte, t'as pas vécu ailleurs depuis que t'as défiguré Bérangère.

Maxime

(Toujours dos tourné.) Le couteau, c'est d'abord toi qui l'avais dans la main. Et c'est toi qui en menaçais Bérangère, pas moi.

Camille

On faisait que jouer, Bérangère et moi.

Maxime

Tu prétendais que tu faisais que jouer aussi quand tu saignais les poules par méchanceté, ou bien que t'étranglais les chats, ou bien que tu te déguisais en fille. Tu faisais que jouer. Une fois que tu vas m'avoir tué par derrière, c'est encore ce que tu vas prétendre: je faisais que jouer. Vas-y, Castor: tire. Après, tu pourras t'habiller en fille comme avant. T'as toujours mieux joué quand tu t'habillais en fille. Tire donc!

> *Un moment, Maxime reste là, comme s'il attendait que Camille épaule la carabine et lui tire dans le dos. Mais Camille ne bouge pas.*

Maxime

Vas-y, Castor: tire. Après, tu pourras t'habiller en fille, comme avant. T'as toujours mieux joué quand tu t'habillais en fille. Tire donc!

> *Camille ne réagit toujours pas. Maxime hausse les épaules et s'en va. Camille regarde la carabine, puis regarde au-delà des spectateurs.*

Camille

J'aurais pu le tuer. C'est vrai que j'y ai pensé toute ma vie, sans doute parce que c'est vrai aussi que j'ai toujours eu peur de lui. Mais tantôt, j'aurais pu le tuer. Tantôt, j'avais pas peur de lui. Le père a plus les yeux qu'il avait toujours quand j'avais peur de lui. Il a plus ces yeux-là et il a plus grand-chose d'autre non plus. Il reste plus que des os sur

95

de la peau qui est toute chessée, comme la mère prétendait que ça finirait par lui arriver. Il était là devant moi et c'était comme s'il avait pas été là devant moi. Je veux dire: j'aurais même pas eu besoin d'épauler la carabine et de tirer sur lui pour qu'il tombe mort. J'aurais eu qu'à allonger la main et elle serait entrée dedans lui, et ç'aurait été pareil à de la poussière: quand j'aurais retiré ma main, il y aurait plus rien eu, qu'un peu de cendre devant moi. D'une certaine façon, je suis déçu. Je m'attendais peut-être trop à ce que ça soye comme avant, qu'il y ait plein de fureur comme avant, et que ça soye de la vraie fureur comme avant. Avant, le père parlait jamais: il montait tusuite sur ses grands chevaux, et il y avait plus que du fouet qui claquait, et ça faisait mal parce que ça labourait la peau, et ça faisait mal parce que la peau, c'est pas pareil à de la roche: la peau, ça souffre, et la peau ça souffre longtemps une fois que le premier coup de fouet s'est bien étampé sur elle. Pourtant; il y avait plus rien de tout ça tantôt quand le père était là. Il y avait plus rien que ce qui est fini, il y avait plus rien que ce qui, demain, va devenir de la statistique. D'une certaine façon, je suis déçu. *(Regardant son habitat.)* Ici, j'ai tout l'espace dont j'ai besoin. *(Regardant autour.)* Et autour, j'ai aussi tout l'espace dont j'ai besoin. Maintenant que ce qui a jamais commencé avec le père est fini, je vais aller prendre l'air. Me promener dans Montréal, m'asseoir à une terrasse, boire de la bière blonde, avec une fille assise devant moi, c'est ce que j'appelle la vie. C'est ce que j'appelle la vie. C'est ce que j'appelle la vie.

Il sort de son habitat sur lequel la lumière baisse alors que l'éclairage augmente d'intensité sur le jardin de Bérangère. Bérangère est à l'intérieur du jardin et Maxime à l'extérieur. Il regarde les plantes comme s'il ne voulait pas voir vraiment

Bérangère. Elle, on dirait que tout son corps est passé dans ses yeux tellement elle le fixe avec intensité.

Maxime

Un petit jardin. J'étais certain qu'il y aurait un petit jardin. Même à la maison, tu faisais un petit jardin à côté de celui de Cecile. Sur la porte de la charmille, t'avais écrit que personne avait le droit d'entrer dedans. T'as jamais été comme les autres, Bérangère. Tu pouvais pas être comme les autres. T'es restée comme t'étais, avec ton petit jardin. J'imagine que, même chez les sœurs de la Providence, c'était pareil.

Il fait un pas, comme pour s'éloigner d'elle qui s'est avancée.

Bérangère

Restez pas dehors, papa.

Maxime

C'est mieux que je reste ici. Pour ce que j'ai à dire, c'est mieux que je reste ici. *(Il regarde au-delà des spectateurs.)* Je sais pas pourquoi les choses se sont passées de même. Je pense que, sans même m'en rendre compte, j'ai passé toute ma vie à me le demander.

Bérangère

Restez pas dehors, papa.

Maxime

Est-ce que ça dépendait vraiment de moi ou bien de ce qui s'était passé dans la maison chez nous, avant? Est-ce que ça dépendait de moi, de Cecile, ou bien de mon père, ou bien de ma mère? Est-ce que ça dépendait de la maison elle-même?

Bérangère

Restez pas dehors, papa.

Maxime

Peut-être que la maison en avait assez vu et qu'elle était fatiguée. Peut-être qu'elle avait vécu assez de naissances et assez de morts, et qu'elle était rendue à bout. Peut-être qu'elle pouvait plus faire rien d'autre que de se fâcher.

Bérangère

Restez pas dehors, papa.

Maxime

Quand ç'a trop vécu, c'est facile pour une maison de se fâcher et de se retourner contre son propre monde. C'est possible qu'il lui reste plus rien qu'à se casser tout à fait, pareil à du verre. Castor et toi, je pense que vous êtes venus de cette fâcherie-là, de tout ce que le passé a pas pu surmonter, et qui pouvait que faire venir le mal. La terre en est pas responsable parce que de la terre, ça s'épuise pas. C'est le sang qui pâlit. Rien que le sang. Je pense que Castor et toi, vous avez hérité de ce sang-là. Lui, il est venu au monde avec du sang de femme, il aimait s'habiller en fille et la maison telle qu'elle a toujours existé pouvait pas le prendre. Toi, c'est du sang de la musique de ta mère dont t'es venue. Mais Cecile pouvait pas t'aider: la musique, c'était tout ce qu'elle avait. Moi, je comprenais pas: je vivais rien que la fâcherie de la maison. Et tôt ou tard, la fâcherie de la maison pouvait que blesser tout l'espace qu'il y avait autour. Pourquoi c'est tombé sur toi? Peut-être simplement parce que je t'aimais plusse que les autres. Quand c'est arrivé…

Bérangère

Restez pas dehors, papa. Je vous en prie.

Maxime

Je peux pas entrer. J'ai déjà cassé une maison, mais elle m'appartenait celle-là.

Bérangère

La mienne aussi vous appartient. Je l'ai créée parce que je savais qu'un jour, vous y viendriez. Si j'en sors plus, c'est parce que j'ai attendu très longtemps. Entrez, papa.

Maxime

Je peux pas, Bérangère. Je peux pas entrer dans ta maison depuis que c'est arrivé.

Bérangère

Il est rien arrivé.

Maxime

Ce jour-là, Castor et toi, vous étiez en train de jouer sur le fenil dans la grange, derrière les bottes de foin. Moi, j'étais inquiet, à cause de ce couteau que j'avais oublié sur l'établi en m'en allant dans les champs. J'aurais pas dû l'oublier là, c'était la troisième fois que ç'arrivait. La première fois, Castor a saigné une poule avec. La deuxième fois, Castor a égorgé un chat avec. Quand Cecile m'a dit que vous étiez partis ensemble et que Castor était habillé en fille, j'ai pensé qu'il y aurait que le pire qui pourrait survenir. Quand je suis arrivé sur le fenil, Castor promenait la lame du couteau sur ton visage. Je me suis précipité vers vous autres, il y avait ce vieux râteau qui traînait dans le foin, j'ai trébuché dessus. En tombant, ma main a donné contre le couteau et c'est entré dans ta joue pour la déchirer profond et long.

Bérangère

C'était un accident.

Maxime

J'aurais dû pouvoir l'empêcher. En le faisant pas, il pouvait plus arriver rien de bon dans la maison. Elle était devenue pareil à du verre, ça s'émiettait de partout. Castor est parti le premier, de son propre pouvoir. Un soir, il est sorti de la maison pour aller enfermer les poules dans le poulailler. Il les a toutes saignées, et puis il est disparu. Il est revenu à la maison que pour les funérailles de Cecile. J'ai fait comme mon père avait fait avant moi quand ma mère est morte: j'ai voulu lui donner la maison, les champs et les bêtes, mais il en a pas voulu. Tout le temps qu'ont duré les funérailles, il a logé à l'hôtel, comme un étranger. Après, il est arrivé à la maison, il avait sa carabine, et il voulait me tuer avec. Toi, t'étais sur la galerie, tu regardais, t'avais peur, et tu tremblais, comme ce jour-là que c'est arrivé pour le couteau. Après, t'es tombée. Après, t'es partie toi aussi pour entrer chez les sœurs de la Providence. Je suis resté tout seul, à attendre que je devienne pareil à la maison, que ça soye chessé de partout, en dehors comme en dedans.

Bérangère

(Elle s'est avancée vers lui, qui ne la regarde toujours vraiment pas.) Moi, j'étais prête à rester avec vous. C'est vous qui avez refusé.

Maxime

J'ai refusé parce que, dans ce temps-là, une maison, des champs et des bêtes, ça se donnait pas à une fille.

Bérangère

C'est pas la vraie raison, papa. Vous le savez bien que c'est pas la vraie raison. La vraie raison, c'est que, depuis que j'ai cette blessure-là dans ma joue, vous avez plus jamais voulu me regarder comme avant.

Maxime
Je pouvais pas. C'était plus fort que moi. Je m'en voulais trop, je m'en voulais trop de vous avoir rendue étrangère.

Bérangère
Regardez-moi, papa. Je vous ai jamais demandé autre chose, même dans les lettres que je vous ai écrites. Je vous ai jamais demandé autre chose. Regardez-moi comme vous le faisiez avant.

Maxime
Je pourrais pas.

Bérangère
Et c'est pour me dire ça que vous êtes venu?

Maxime
Non, ça tu le savais. Je suis venu pour remplir une promesse que j'ai faite à Cecile. *(Il sort une petite boîte noire de l'une de ses poches.)* Elle voulait que je vous remette ça en mains propres. J'aurais dû le faire après les funérailles, mais je savais pas où Cecile l'avait mise. Elle était sous son oreiller mais je le savais pas. *(Toujours sans la regarder vraiment, il lui tend la petite boîte noire.)* Prenez-la, Bérangère. La musique à bouche de votre mère, c'est à vous qu'elle a toujours appartenu.

Bérangère
Je peux pas la prendre.

Maxime
Il le faut pourtant.

Bérangère

Si vous me regardez pas comme avant, je peux pas la prendre. Avant, il n'y avait pas de blessure. Il n'y avait pas de couteau dans la lumière.

Maxime

Je sais.

Bérangère

Avant, il y avait du soleil tranquille, avec un petit vent frais sans doute, et plein d'odeurs que je savais toujours reconnaître.

Maxime

Je sais.

Bérangère

Avant, il y avait la galerie et vous assis dans la berçante, en train de lire.

Maxime

Je sais.

Bérangère

Avant, il y avait maman, elle jouait de la musique à bouche, et moi je regardais l'eau qui se jetait de toutes ses forces en bas de la chute.

Maxime

Je sais.

Bérangère

Avant, vous me preniez dans vos bras, vous me regardiez. Il n'y avait pas de blessure. Il n'y avait pas de couteau dans la lumière.

Maxime

Je sais, Bérangère. Mais on peut plus rien y faire, personne. Prenez la musique à bouche.

Bérangère

Je vous demande même pas que vous me preniez dans vos bras, comme avant. Je demande juste que vous me regardiez. Regardez-moi, papa. Si vous me regardez, il y aura plus de blessure. Il y aura plus de couteau dans la lumière.

Maxime

Je peux pas, Bérangère. Je regrette, mais je peux pas.

Il fait un pas, comme pour s'en aller. Bérangère se retrouve devant lui.

Bérangère

Regardez-moi, papa. J'ai besoin que vous me regardiez. Regardez-moi!

Maxime

(Il la regarde.) Je peux pas. Je pourrai jamais. Ça jamais, Bérangère… ça jamais. Pardonnez-moi.

Il échappe la petite boîte noire qui tombe par terre. La musique à bouche apparaît. Il a un geste comme pour la prendre mais se ravise et s'en va aussitôt. Bérangère reste là, regardant au-delà des spectateurs.

Bérangère

Il m'a regardée. Il voulait pas me regarder, mais il m'a regardée comme avant. C'était plein de lumière et il n'y avait pas de couteau dedans, comme avant. *(Elle se baisse lentement, prend la musique à bouche et se redresse, tout aussi lentement.)* Maintenant, il n'y a plus de peur en moi. Maintenant, je tremblerai plus et je tomberai plus. Maintenant, je vais pouvoir entrer et sortir de chez moi, et je vais pouvoir recevoir Camille sans même qu'il ait besoin de téléphoner avant. Et je vais pouvoir lui parler du couteau qu'il y avait dans la lumière et je vais pouvoir lui parler de la blessure. *(Avec la musique à bouche, elle effleure sa cicatrice.)* Il y a jamais eu de couteau dans la lumière, il y a jamais eu de blessure nulle part. Il y avait un jardin, je levais les yeux et je voyais papa qui était assis sur la galerie dans la berçante, en train de lire. Il y avait un jardin, je levais les yeux et je voyais maman assise sur la galerie, à côté de papa, et elle jouait de la musique à bouche. Il y a jamais eu rien d'autre. Il m'a regardée. Il voulait pas me regarder, mais il m'a regardée, comme avant. Comme avant. Comme avant.

> *Elle porte la musique à bouche à ses lèvres. Elle se met à en jouer, très lentement, sans couteau dans la lumière et sans blessure nulle part. L'éclairage baisse sur elle tandis qu'il remonte dans le parc. Maxime est debout près de la balançoire et regarde en direction du banc. Blanche y est assise, la tête renversée par derrière.*

Maxime

Elle avait les mêmes yeux que Cecile avait avant qu'il

reste plus rien d'elle qu'une petite tache de sang dans la plate-bande de géraniums. C'était rempli à ras bord de terre noire.

> *Il s'en va vers le banc. Il dépose son portuna par terre. Lentement, il redresse la tête de Blanche. Un peu de sang lui coule des lèvres. Elle a les yeux grands ouverts. Maxime les lui ferme. Puis, sortant un mouchoir de sa poche, il essuie le sang qui coule des lèvres de Blanche.*

Maxime

(Tout en faisant ce qui est dit plus haut.) Il y avait qu'un peu de sang qui coulait de sa bouche. À part ça, c'était plus rien que de la mort. Il va rester de la cendre, une petite tache de sang noir dans ce qui était autrefois une plate-bande de géraniums. Ça s'appelle vivre.

> *Il prend son portuna, le met à l'extrémité du banc. Il va y appuyer la tête de Blanche, puis faire en sorte qu'on comprenne qu'il l'installe comme si elle était dans un cercueil. Après, il s'assoit à l'autre extrémité. Puis il regarde au-delà des spectateurs.*

Maxime

Attendez-moi, Blanche. Je vais vous raccompagner par chez vous, dans votre maison. De toute votre vie, vous avez pas attendu autre chose que quelqu'un pour vous raccompagner dans votre maison. C'était pas à moi de le faire. Mais je vais vous raccompagner pareil. De toute façon, je m'en allais nulle part. De toute façon, j'attends rien. Ça me suffit qu'il y ait ce parc, et ce banc et... plus rien d'autre. La neige va tomber betôt. Ça veut rien dire d'autre qu'il restera plus de cendre, qu'il y aura même plus une petite tache de sang noir dans ce qui était autrefois une plate-bande de géraniums. Ça s'appelle vivre. *(Prenant son petit livre, baissant les yeux.)* *Quomodo cantabimus canticum Domini in terra aliena?*

FIN

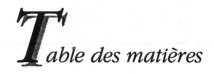

Table des matières

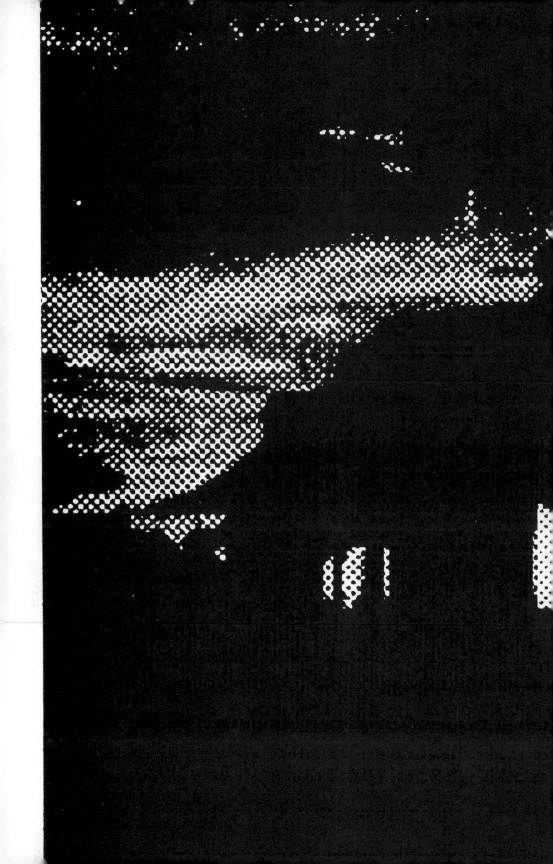

Achevé Imprimerie
d'imprimer Gagné Ltée
au Canada Louiseville